高校英语教学模式创新与实践研究

张 慧 著

天津出版传媒集团
天津科学技术出版社

图书在版编目(CIP)数据

高校英语教学模式创新与实践研究 / 张慧著. -- 天津 : 天津科学技术出版社, 2023.7
ISBN 978-7-5742-1402-6

Ⅰ.①高… Ⅱ.①张… Ⅲ.①英语－教学模式－教学研究－高等学校 Ⅳ.①H319.3

中国国家版本馆CIP数据核字(2023)第146634号

高校英语教学模式创新与实践研究
GAOXIAO YINGYU JIAOXUE MOSHI CHUANGXIN YU SHIJIAN YANJIU

责任编辑：王　冬
责任印制：兰　毅

出　　版：	天津出版传媒集团
	天津科学技术出版社
地　　址：	天津市西康路35号
邮　　编：	300051
电　　话：	（022）23332377
网　　址：	www.tjkjcbs.com.cn
发　　行：	新华书店经销
印　　刷：	河北万卷印刷有限公司

开本 710×1000　1/16　印张 15.25　字数 200 000
2023年7月第1版第1次印刷
定价：88.00元

前　言

社会生活的信息化和经济的全球化，令英语的重要性日益凸显。英语已经成为人类生活各个领域中使用最广泛的语言之一，英语能力已成为一种必备技能。大学英语是高等学校的必修科目之一，是帮助非英语专业大学生掌握英语技能、提高人文素养的一门基础阶段课程。

大学英语的教学目标是培养学生英语的综合应用能力，特别是英语听说能力，使他们在今后的工作和社会交往中能用英语进行口头和书面的信息交流，同时增强其自主学习能力，提高其文化素养，以适应我国社会发展和国际交流的需要。结合我国的高校英语教学现状，要达到这一目标，高校英语教学改革势在必行。这一改革事关如何培养新一代高素质、创新性的专门人才和拔尖人才，如何提高我国的综合国力和国际竞争力，是高等教育人才培养和教学改革的重要突破口，是最有可能用先进的信息技术手段改进传统教学模式，取得重大突破的领域。教学模式是在一定的教学思想或教学理论指导下建立起来的各种类型的教学活动的基本框架或活动程序。任何教学模式都指向一定的教学目标，根据目标设定逻辑步骤和操作程序，规定教学活动中的步骤和任务。实现教学目标需要一定的条件，包括能使教学模式发挥效力的各种因素，如教师、学生、教学内容、教学手段、教学环境、教学时间等。

本书的研究共分为7个章节。首先，从高校英语教学的内涵解析与理论基础、目标定位与开展原则、构成因素与核心内容、历史沿革与发展趋势讲起；然后，探讨高校英语教学模式及改革，引出对高校英语课堂教学的分析；接着，安排三个章节着重对手机APP移动学习、交互式学习、游戏化教学模式在高校英语教学中的展开进行研究；最后，对高校英语教学未来的发展趋势进行展望。

由于作者自身水平有限，不足之处在所难免，望各位专家学者不吝批评指正。

目 录

第一章 高校英语教学概述······001
第一节 高校英语教学的内涵解析与理论基础······001
第二节 高校英语教学的目标定位与开展原则······013
第三节 高校英语教学的构成因素与核心内容······020
第四节 高校英语教学的历史沿革和发展趋势······029

第二章 高校英语教学模式分析······038
第一节 教学模式与英语教学模式······038
第二节 高校常见英语教学模式举例······045
第三节 高校英语教学模式改革研究······063

第三章 高校英语课堂教学的具体分析······068
第一节 英语词汇和语法教学······068
第二节 英语听力与口语教学······081
第三节 英语阅读与写作教学······094

第四章 基于手机APP移动学习的教学模式······107
第一节 手机APP与移动学习相关论述······107
第二节 基于手机APP移动学习的教学模式的构建······114
第三节 基于手机APP移动学习的教学模式的实践······126
第四节 基于手机APP移动学习的教学模式的优化······134

第五章 基于微信公众平台的交互式学习模式······138
第一节 微信公众平台与交互式学习······138

第二节 基于微信公众平台的交互式学习模式的设计与应用……144
第三节 基于微信公众平台的交互式学习模式的优化策略……166

第六章 高校英语课堂游戏化教学模式……173
第一节 游戏化教学概念及理论基础……173
第二节 高校英语课堂游戏化教学模式的设计……179
第三节 高校英语课堂游戏化教学模式的实验研究……186

第七章 高校英语教学模式创新与实践展望……203
第一节 教学个性化……203
第二节 学习自主化……214
第三节 教师专业化……221

参考文献……231

第一章 高校英语教学概述

第一节 高校英语教学的内涵解析与理论基础

一、高校英语教学的内涵解析

（一）高校英语教学的基本内涵

通常而言，我们谈到的高校英语教学是一种常见的教育活动。从教师的角度来看，它是教师引导学生学习的教育活动；从学生的角度来看，它是学生在教师的引导下的学习活动。学生能否得到真正、全面的发展是教学目标能否实现的关键。同时，教学本身也是一个师生互动的过程，不仅是教师教的过程，也是学生学习并在学习过程中全面发展的过程。基于此，可将高校英语教学的基本内涵归纳为如下几点。

（1）高校英语教学是有目的的活动，在各个不同学期、不同的教材、不同的单元、不同的课文、不同的活动有着不同的教学目的与教学目标，而教学目标又可分为不同的领域或层次。

（2）高校英语教学具有一定的系统性和计划性，这种系统的计划主要是由教育行政机构、学校和教师制定的。

（3）高校英语教学要有词汇、语法、写作、阅读等具体知识和技能的传递，教学需要采用一定的教学方法和教育技术。高校英语教学有着深厚的历史积淀，形成了大量有效的方法，现代科学技术尤其是信息技术的发展，为教学提供了多种多样的技术支持。

在上述对高校英语教学内涵进行分析的基础上，可对高校英语教学界定如下：在有计划的系统性的过程中，教师依据一定的内容，按照一定的目的，借助一定的方法和技术，引导学生学习和掌握相关英语知识与技能，进而使其得到全面发展的活动。

（二）高校英语教学的人文内涵

在当代高校英语教学中，高校英语教师应注重对语言、文化等人文内涵的渗透。英语教学借助听、说、读、写、译这五大项目，使学生具备能够熟练地运用英语这一语言工具进行交流的素养和能力。人文教育在当代高校英语教学中发挥的作用不容小觑。任何一种语言都不是独立存在的，都与当地的历史内涵以及文化背景等存在着密切的联系。要想很好地掌握并熟练运用一门语言，通常也需要对该语言的历史内涵以及文化背景有充分的认识和把握。那么，在当代高校英语教学中，不仅应重视培养学生的语言能力，还应注重人文内涵的渗透，应着眼于培养兼具语言应用和文化涵养的综合型人才。

高校英语教学的人文内涵有着宽泛的范围，具体包括对历史、习俗以及民族文化等，这一内涵也是民族长期以来的变迁和发展慢慢积淀的精华。当代的高校英语教师，也应具备从多个角度认识英语人文内涵的基本素质。教师不仅应在具体的教学实践中贯彻以学生为本、注重学生全面发展的教育理念，还应兼顾学生智力因素和非智力因素的全方位发展，应将学生视为动态发展的个体，具有不可估量的发展潜能和极大的可塑性。当代高校英语教师还应在使用教材的过程中，注重人文内涵方面的分析和阐述，尤其应适当融入一些礼仪、历史、艺术等方面的内容，或者开展一些具有生活性、现实性特点的语言教学活动。只有教师具备了较高的人文素质，将人文内涵融入英语教学实践，才能更好地促进教学内容的丰富、全面和完善。

总体来说，根据人文主义教育的核心价值观念，教育以实现人性的完美为终极目标。在英语课堂内外开展的任何与英语相关的讨论和活动，所做的任何教育实践都旨在实现学生各项语言技能的提升，进而让学生成为品格高尚、个性突出、感情丰富并适应社会发展的新时代人才。

（三）高校英语教学的通识教育内涵

通识教育属于高等教育的重要组成部分，高校英语教学属于高等教育的重要组成部分。

通识教育的目的是打心灵，纠正它、净化它，让它认识、消化、掌握、统治、使用其知识，给予它控制其才能的力量，具有应用性、灵活性、方法、批评的准确性、聪慧、谋略、举止、流利的口才。通识教育将全人教育作为其追求的理念，借助学习这一途径使受教育者充分发掘自我的潜能，使学生在身心、智力以及品格等方面实现协调、全方位的发展，进而成为社会所需的、能在社会发展中发挥积极作用的人才。从性质方面来看，通识教育作为高等教育的重要组成部分，是所有大学生都应接受的非专业方向的教育。从目的方面来看，通识教育主要培养积极参与社会生活的、具有强烈社会责任感的、全方位发展的人才。从内容方面来看，通识教育属于一种具有广泛性、非专业性、非功利性的关于基本知识、技能与态度的教育。这种教育覆盖面较为广泛，通常涉及社会科学、人文科学以及自然科学与技术这三大方面。

通识教育这一概念中的"通"就是我们经常提到的融会贯通的"通"，就是指不同学科间的知识能够相互融通，在遇到比较复杂的问题时能够以跨学科的、开阔的视角进行资料的收集和思索，并且能够在与不同学科背景的人们沟通和交流的过程中实现不同文化、不同专业间的沟通。同时，根据教育生态学的观点，高校英语教学体系也可以被看作围绕高校英语教学活动这一中心而建构的生态系统。该生态系统通常由教师、学生等教学主体以及与之相应的教学环境构成。其中的教学环境主要涉及社会环境、自然环境以及规范环境这几大类型。社会环境以自然环境为基础，是在自然环境的基础上发展而来的。教学的规范环境具体包括以下两方面的内容。

（1）教学的规范环境一方面包括能够被社会广泛接受的、与教学主体的需求及期望相符合的教学态度、教学规范以及价值观等。

（2）教学的规范环境另一方面包括教学要求、教学理念、评估标准、教师和学生的认知观以及课程的设置目标等。

学生和教师这些教学主体以及教学环境在相互影响、相互作用下共同构成了一个统一的、兼具物质—能量—信息传递功能的整体，这就是所谓的高校英语教学生态系统。

高校英语教学生态系统的运行目标及功能都很好地说明了高校英语教学属于高校通识教育人才培养模式中必不可少的组成部分。这一教学生态系统的运行也是以实现学生综合应用能力、综合文化素养以及自主学习能力的提升为主要目标。在该理念的指引下，当代高校英语教学不仅是一门语言基础课程，还是涵盖社会知识、自然知识以及世界文化这几大方面的综合教学体系。

二、高校英语教学的理论基础

（一）教育学基础

1. 教育学

教育学主要是用来进行知识教育和研究，探索语言现象，总结语言规律的学科。教育学有着悠久的历史。英语教学是语言教学的重要分支，属于教育学的范畴，因此教育学的相关原则、原理、方法对英语教学也有着一定的指导和启示作用。

教育学的一般原则包括科学性、思想性、直观性、巩固性、自觉性、系统性。教育学的一般方法则包括归纳法、启发法、演绎法以及讲解、练习、复习课堂教学的课型等。

除此之外，教育目的、教育方针和培养目标从宏观方面影响着高校英语教学，英语课程开设的时数、开设的目的都受到教育学因素的影响。

2. 教育经济学

教育经济学是从经济的角度研究教育的学科，主要关注教育活动中的经济效益。在高校英语教学中，教育经济学主要研究开设哪些课程会使教学更加受益。

从宏观的角度而言，高校英语课程的开设有以下几方面的意义。

（1）就目前高校英语课程改革的要求而言，开设英语课是人才培养的要求，因为现代人生存与发展的基本技能为母语、一门外语和计算机的操作运用能力。

（2）从经济发展和获取信息的需要而言，英语课开设的必要性在于，国际上多数学术论文是用英语发表或宣读的，英语也是国际互联网的主要应用语言。

（3）英语课程开设还有其他方面的益处，如外语学习是促进学生全面发展的重要学科之一，学习外语有利于个人良好的性格、品格、意志和合作精神的发展等。

除了要从宏观上把握英语课程开设的效益外，教育经济学还要从微观的经济角度对必要的费用和效益进行评估，在评价时要考虑下面一些问题。

①教学时间。

②班级人数。

③教师培训费用。

④教材及其他资源费用。

⑤管理人员及助手的费用。

⑥教学场地的费用。

将这些微观方面的评价与开展教学活动的收益评价进行对比之后，分析如何获取最大的效益。

3. 教育心理学

教育心理学主要研究的是学生、学习过程和学习情境间的作用，侧重研究学生的个体心理活动规律对总体教学效果的影响，并探讨学生的心理个性与教学和学习的关系。

作为心理学的一个分支学科，教育心理学与英语教学的理论、语法、外语语音、词汇知识的传授，学习动机的激发、口头和书面表达技能的形成等都有着直接的、密不可分的联系。

教育心理学与英语教学的密切结合也成为现代英语教学发展的趋势。在现代英语教学实践中，教师在传授知识的同时研究学生的心理能使英语教学达到事半功倍的效果。

4. 外语教育技术学

基于信息技术的外语教学作为一种新的教学范式已经成为高等学校外语教学的主要实践方法。信息技术与外语教育的内在共生性、本体性和封闭性，使信息技术与外语教学课程产生了交融与整合的学科基础和逻辑基础。

外语教育技术是外语教学实践中，以教育信息技术为手段，以教育学、心理学、语言学等理论为指导，以语言教学为目标，通过创造、利用适当的技术性的外语教学过程和教学资源，提高外语教师和学生的教育信息技术素养，促进外语学习的理论研究和实践探索活动。

外语教育技术学由关于外语教育技术的一系列概念、原理和方法等构成，它是集中反映外语教育技术内在规律的、具有严密逻辑性的一门新兴学科，是一种兼具语言学性质与教育学性质的综合性应用学科。

探索完善以计算机网络为核心的现代信息技术与英语课程的整合来促进高校英语教育质量的提高是目前英语教学的重中之重。计算机和网络信息技术应用到英语课程教学实践中是英语教学改革的重大突破。这种模式符合教育精品资源共享课建设的要求，也是外语教育技术学应用于英语教学的成功尝试。

（二）语言学基础

1. 交际能力理论

（1）乔姆斯基对交际能力理论的铺垫。乔姆斯基在《句法理论的若干问题》一书中把"能力"和"表现"两个概念引入了语言学的研究，并对语言能力和语言行为两个概念做了进一步分析。他认为个人的语言能力与语言的实际运用和语言行为无关。

这种排除语言社会功能的问题激发了一些语言学家对语言社会功能的关注，其中最具代表性的是美国社会语言学家海姆斯提出的"交际能力"的概念。

（2）海姆斯对交际能力理论的扩展。海姆斯从语言的社会交际功能出发，探讨语言使用者和语言使用的理论，并提出了"交际能力"的概念以示区别。

海姆斯认为一个人的交际能力是一个综合的概念，除语法知识和语言能力外，还包括心理、社会文化和使用概率等方面。换言之，如果一个人具备交际能力，那他就知道怎样进行社会交际。因此，交际能力包括以下三方面的内容。

①能辨识、组织合乎语法与逻辑的句子。

②能判断语言形式的可行性。有些话语形式上是可能的，也是可行的和得体的，但在现实生活中，没有人会那样说。

③能在交际中得体地使用语言。有些话虽然语法上是可能的，实施上也是可行的，但在语境上不得体。

海姆斯的交际能力理论在语言学界和应用语言学界影响很大，它直接影响到外语教学目标的制订。

（3）卡纳尔和斯温对交际能力理论的分析。卡纳尔和斯温分析了交际能力的组成，对海姆斯的理论进行了进一步的丰富和发展。他们认为交际能力包括以下四方面的能力。

①语法能力。所谓语法能力就是语音、词汇和语法等知识。卡纳尔

和斯温的"语法能力"与乔姆斯基所说的"语言能力"或海姆斯所指的"形式上的可能性"没有区别。

②社会语言能力。众所周知,人在不同的环境中总是以一定的社会身份出现的。环境不同,身份不同,说话的方式与内容也不同。因此,社会语言能力是一个人在一定的社会情境下得体地使用语言的能力,即在不同的语境下使用不同语体和不同的言语来达到不同交际目的的能力。此外,使用言语功能的能力也是社会语言能力的内容。言语功能包括工具功能、指称功能、个人功能,保持接触功能、想象功能、语境功能、元语言功能等。

③篇章能力。篇章能力是指一个人能够依据一定的上下文来理解句子之间的关系和句子的意义并组句成篇的能力。

④策略能力。策略能力也称"补偿能力",它是一种运用语言或非语言手段达到交际目的的策略。具体而言,就是在交际中懂得怎样开始谈话、承接、转换话题和结束谈话的能力。

根据卡纳尔和斯温的观点,交际能力是由上述四种能力组成的,因此,在具体的语言教学中,就应当加强对这四种基本能力的培养。

2.认知主义学习理论

行为主义学习理论在20世纪前半个世纪占主导地位。然而由于行为主义把人的所有思维都看作是由"刺激—反应"间的联结形成的,没有考虑人的意识问题,因而遭到越来越多的学者的反对。在这种情况下,认知主义学习理论得以发展起来。认知主义学习理论强调学习是通过对情境的领悟形成认知结构来实现的,主张研究学习的内部条件和内部过程。认知主义学习理论的代表观点有以下几种。

(1)苛勒的顿悟说。德国心理学家沃尔夫冈·苛勒是格式塔心理学的创始人之一。格式塔的含义是完形,指被分离的整体或组织结构。该理论阐述了在学习中要解决问题,必须对情境中事物的关系加以理解,从而构成一种完形,使学习得以实现。苛勒以格式塔理论为基础,在

《人猿的智慧》一书中提出了顿悟说。顿悟说有以下两个主要观点。

①学习不是刺激与反应的简单联结,而是通过有目的的、主动地了解和顿悟而组织起来的一种完形。

②学习是由顿悟来实现的,并非通过尝试错误来实现的。

(2)皮亚杰的发生认识论。让·皮亚杰是瑞士心理学家,他的核心理论是发生认识论,主要研究人类的认识,具体内容包括概念、推理、注意、记忆、表象、决策、语言、感知觉、问题解决、认知发展和人工智能等。

在皮亚杰看来,无论一个人的知识多么高深、复杂,都可以追溯到他的童年,甚至是胚胎时期。人出生以后如何形成认识、发展思维,受哪些因素制约,各种不同水平的智力及思维结构是如何先后出现的等问题都值得研究。因此,他将自己的研究集中在认知发展的阶段性问题和认知发展的机制两个问题上。

皮亚杰将原先无法探测的大脑活动过程抽象为可以直接观察的心理模型,通过客观方法研究高级和复杂的认知活动,加速了人类对自身的认识。

(3)布鲁纳的发现学习理论。根据布鲁纳发现学习理论的观点,学习的实质在于主动形成认知结构。认知结构是用来感知和概括新事物的一般方式。它是在过去的经验的基础上形成的,并在学习过程中不断变动,是进一步学习和理解新知识的基础和重要内部因素。

布鲁纳将学习分为知识的获得、转化和评价三个几乎同时发生的过程。由于学习任何一门学科都有一连串的新知识,每一种知识的学习都要经过获得、转化和评价。发现学习就是以学生为中心,以教师激发学生的学习兴趣和学习动机为前提,以引导学生进行观察、分析,归纳等逻辑思维活动为方式,以培养学生独立分析问题和解决问题的能力为目的的一种学习方法和教学方法。发现学习理论是布鲁纳对学习论和教学论的结合做出的一大贡献,

（4）奥苏伯尔的认知同化学习理论。大卫·奥苏伯尔对学习进行了如下两个维度的划分。

按学习进行的方式，可将学习分为接受学习与发现学习两种。接受学习是指将学习的主要内容以定论的形式传授给学生。

发现学习与接受学习不同，不是将学习内容现成地给予学生，而是安排学生自己去发现这些内容，然后再将这些内容内化到学生的认知结构中去。

按照学习材料与学生原有的知识结构的关系，可将学习分为机械学习和意义学习。机械学习是指学生虽然记住某些符号的词句或组合但不能理解符号所代表的知识。意义学习是指将符号所代表的新知识与学生认知结构中已有的适当观念建立起非人为的和实质性的联系。

两个维度的结合可将学习分为四种类型，即有意义的接受学习、有意义的发现学习、机械的接受学习与机械的发现学习。奥苏伯尔指出，有意义的接受学习可以在短期内使学生获得大量的系统知识，是教学的首要目标。

奥苏伯尔还提出，有意义的学习的过程就是原有观念对新观念加以同化的过程。同化有以下三种方式。

①总括学习。总括学习（又称上位学习）指在若干已有的从属观念的基础上归纳出一个总观念。

②类属学习。类属学习（又称下位学习）指把新观念（从属观念）适当归入原有观念（总观念）并在二者之间建立联系。

③并列结合学习。并列结合学习指新知识与旧知识具有某种共同的属性，可以被原有的知识同化，获得意义。

需要注意的是，在有意义的学习后，同化过程并没有结束，必须不断对知识进行改组与重新结合，才能习得并保持知识。

3.合作学习理论

合作学习理论是在建构主义理论、认知发展理论和社会互赖理论的基础上形成的。美国明尼苏达大学合作学习中心的约翰逊兄弟等人认为,合作学习就是在教学中采用分小组的方式以使学生之间协同努力,充分发挥自身及同伴的学习优势。

在此基础上他们提出了合作学习理论:小组成员共享资源,共同参与任务,直接交流,相互依赖,彼此互助,共同完成学习任务,并以小组总体表现为奖励依据,组员之间息息相关,只有全组成员都成功,自己才能成功。

4.建构主义学习理论

(1)建构主义学习理论的主要观点。20世纪末期,认知理论的一个重要分支,建构主义学习理论在西方逐渐流行。建构主义的最早提出者可追溯至瑞士学者皮亚杰以及苏联心理学家利维·维果茨基。皮亚杰认为,人的认知是在与周围环境相互作用的过程中,逐步建立起相关的知识概念,从而使自身的认知能力得到发展。随后,这一观点用于解释语言学习的过程。

建构主义学习理论认为,知识不是通过教师传授得到的,而是学习者在一定的情境即社会文化背景下,借助其他人(包括教师和学习伙伴)的帮助,利用必要的学习资料,通过意义建构的方式获得的。建构主义学习理论强调情境、协作、会话和意义建构四个主要因素在学习中的作用。

情境是指教师为学生创造语言交际活动和相应的场景,目的是使学生在这样的环境下完成意义建构。协作主要指学生之间通过语言相互合作,其中包括学习资料的共享、对学习成果的评价以及最终意义的建立等。协作过程会涉及会话和讨论,会话是其中的重要环节,学生之间需要通过会话和讨论的方式来完成规定的学习任务。意义建构是语言学习的最终目标。整个教学设计的核心就是通过各种学习策略激发学生主动建构知识的意义,培养学生的自主学习能力以及合作精神。

(2)建构主义学习理论的影响。建构主义学习理论对现代外语教学和学习都有着直接或间接的影响,主要体现在以下几个方面。

①认识方面的影响。建构主义学习理论认为学生是学习的中心，是进行语言知识信息加工的主体，同时是意义的主动建构者。通过和环境的相互作用，学生能够获取知识。高校英语教师是学生学习的指导者，在教学过程中需要重视学生的中心地位，采用全新的教学模式，发挥学生学习的积极性和主动性。

②学习方式方面的影响。建构主义学习理论强调学生的互动和协作关系，在此基础上形成了教学中的互动式教学模式。该模式遵循了建构主义的原则，强调学生的能动性和参与性，尽可能避免机械性的灌输，其主要教学模式可概括：引导—组织语言活动—协作学习—指导及归纳—巩固。

③学习内容方面的影响。在建构主义学习理论的指导下，语言教学更加强调学习内容的意义和趣味性，并与实际生活、热点话题等密切相关，这些内容都有利于学生的意义建构。

④测试内容及形式上的影响。受建构主义学习理论的影响，目前外语测试开始重视对学生交际能力的考核，尤其是在口语考试中。例如，两人一对就某个情景和话题进行交流式的对话，考官根据考生的交流内容、流利程度等进行打分。

5. 社会互赖理论

社会互赖理论旨在研究不同个体在合作性和竞争性社会情境中相互影响时的行动效率、内在心理过程、互动方式及结果。

社会互赖理论源于20世纪初的格式塔心理学。此理论的创始人之一考夫卡认为，群体是成员之间的互赖性可以变化的动力整体，各成员之间的互赖有其差异性。考夫卡的同事勒温对上述观点进行了阐发，他认为群体的本质是其成员基于共同目标而形成的互赖，由此促使群体成为一个整体。群体中任何成员或次群体的状态发生改变，将会影响其他成员或其他次群体产生改变，群体成员内在的紧张状态能够引发完成共同目标的动机。

第二节 高校英语教学的目标定位与开展原则

一、高校英语教学的目标定位

(一) 帮助学生理解英语

帮助学生理解英语，不是使学生掌握技能和学习本领，而是要扩展他的思维活动，让学生学习新的知识。学生的学习过程不是一个行为过程，而是一个心理过程，教学的中心仍然是学生。在这个过程中，学生是中心，是关键的参与者；教师的任务是提供学生所需的知识，教师只是帮助者。

(二) 帮助学生学会英语

在教学过程中，学生是整个活动的主角，教学都是围绕他们展开的。教师就是一个传授者，可以采用各种各样的手段来帮助学生学习英语。例如，可使用各种各样的现代化技术和设备来帮助学生学习。

(三) 使学生掌握运用语言的技能

从人际交流的角度来讲，这一目标定位的重点是教师，学生是参与者。学生的参与受到外界因素的影响，受到教师行为的支配。但在这一过程中，教师不再是简单地像给予学生东西一样把语言传授给学生，而是使学生提高技能，达到教师的训练目标。从课堂内容的角度来讲，在这一教学过程中，教师通常提供大量的课堂练习以及考试。从教学方式来讲，教师给学生大量训练，开展许多活动，学生是这些活动的参与者和训练对象。这是一种结构主义和行为主义的教学模式。教师的主要目的不是使学生学习语言知识，而是使其获得语言技能。但这种技能不是实际运用语言的能力，而是一些语言模式，而且这种模式大部分是一些根据结构主义理论提炼出的语言结构模式,而不是根据情境语境中的语境模式而提炼出来的语言功能模式。

(四)发展学生的意义潜势

教学过程被看作一个关系过程,语言被视为一个潜势,称为意义潜势。教学的目的是使学生掌握这一潜势,使学生会用语言来表达意义。既包括使学生掌握有关语言的知识,也包括使学生掌握语言表达的能力,即使学生学会用所学的语言说话。

(五)培养跨文化交际能力

随着英语教学改革的深入,培养学生交际能力的意识越来越深入人心。英语教学仅仅重视言语技能的训练是不够的,还必须注重交际能力的培养。但交际水平的提升不是靠日常的语言能力的锻炼就能达到的,交际水平的高低不仅和语言能力有关,还和社会文化的水平、语境的适应情况以及实践技巧息息相关。因此,如果要切实提高学生在特定的社会文化情境中的跨文化交流能力,不仅要在英语教学中教授相关语言知识、开展语言技能活动,还要加强学生在跨文化交流活动中的语言水平和语言使用技巧的培养和训练。

学生熟悉英语文化的同时,也要坚决地、主动地学习好本国文化的相关内容,并能熟练掌握、灵活运用。英语和中文之间的差别还是很大的,因此,在英语学习的时候会面临不同文化所产生的难题。为了很好地解决这些难题,在开展英语教学时就一定要加强跨文化交际方面的教学。站在英语教学的立场来看,要想达到英语教学的最终目的,要先将语言知识以及言语技能等教授给学生,然而要想达成这个目标,还得培养跨文化交际能力。通过培养,使学生能够进行跨文化的交际活动,为不同文化的平等交流打下坚实的基础,正是英语教育的意义所在。

通过对以上几种教学目标的分析和比较可以发现,高校英语教学中的目标定位有一个共同点,就是教师的作用越来越趋于向背景移动,而把主要角色让学生来承担,学生逐渐成为教学活动的主角和中心,这是现代语言教学理论和方法发展的趋势。

二、高校英语教学的开展原则

(一)交际性原则

语言是交际的工具,人们主要通过语言来交流思想、传递信息。交际是在特定语境中说话者和听话者、作者和读者之间的意义转换。由此我们可以得出以下几点启示:一是交际包括口语和书面语两种交际形式;二是交际总是发生在一定的语境之中;三是交际需要两个以上的人参与并产生互动。

学习英语的首要目的就是使用英语进行交际,而英语教学的首要目标就在于培养学生的交际能力。交际能力的核心就是能够运用所学的语言知识在不同的场合下与不同的对象进行有效、得体的交际。因此,高校英语教学首先要贯彻交际性的原则,使学生能用所学的英语与人交流,要在教学过程中努力做到以下几点。

1. 充分认识英语课程的性质

英语课首先是一种技能培养型的课程,要把语言作为一种交际的工具来教、来学、来使用,而不应把教会学生一套语法规则和零碎的词语用法作为语言教学的最终目标,要使学生能用所学的语言与人交流,获取信息。在教学过程中,教、学、用三个方面构成一个有机的相辅相成的统一体,其中的核心在于使用。因此,教师转变以往陈旧的教学观念,认清课程的性质,是落实交际性原则首先需要解决的问题。

2. 创设情景,开展多种形式的丰富多彩的交际活动

语言是交际的工具,而交际的发生总是处于特定的情景之中。情景包括时间、地点、参与者、交际方式、谈论的题目等要素。在某一特定的情景中,讲话者所处的时间、地点以及本人的身份等都会影响他说话的内容、语气。因此,在基础英语教学中,教师要使教学的内容置于一

种有意义的情景之中。而且，在一定的情景之下学习英语，可以使学生身临其境，提高学习英语的兴趣。因此，英语教学活动要充分考虑交际性的特点，结合教材的内容，尽量利用各种教具，创造与学生生活密切相关的各种情景，进行真实的英语交际训练活动，这样不仅使学生学有兴趣，学有成效，而且能够做到学以致用。

3.注意培养学生语言使用的得体性

英语教学的首要目标在于培养学生进行有效交际的能力，而根据交际性原则，学生要具备良好的交际能力，需要能够在适当的时间、适当的地点，以适当的方式，向适当的人，讲适当的话。这一点与上面一点密切相关。创造情景，开展多样的交际活动，如讲故事、猜谜语、编对话、话剧表演、专题讨论或者辩论等，都有助于学生在创造的情景中充分表现自己，从而熟练地掌握这门语言。

4.精讲多练

英语课堂的教学不外乎"讲"和"练"两种，前者是指讲授语言知识，后者是进行语言训练。在课堂上，适当地讲授一些语言知识是必要的，可以提高学习的效果。如同学习游泳一样，在下水之前，教师讲解一些注意事项、游泳的动作要领，有助于提高学生在水里训练的效果。但是，英语首先是一种技能，技能只有通过实际训练才能获得。因此，教师必须清楚，讲解的目的在于帮助学生更好地训练。在语言训练的过程中要针对学生的具体问题给以"画龙点睛"式的点拨。这不仅有利于学生语言交际能力的培养，还有助于使学生养成良好的学习与思维习惯。在进行必要的讲解之后，要给学生留出足够的训练时间。

5.注重教学内容与教学活动的真实性，贴近学生的生活

语言与现实生活密切相关，教学活动的设计与教学内容的选择一定要考虑这一因素。在英语教学中，教师要把语言和学生关心的话题结合起来，要给学生提供足够的、内容丰富的、题材广泛的、贴近学生生活的信息材料。另外，教学内容的真实性还要求教材的语言和教师的语言

是真实的,而不是专为教学而编写出来的。

(二)灵活性原则

1. 教学方法的灵活性

在英语教学史上曾经出现了许多种不同的教学方法和流派,如语法翻译教学法、视听教学法、交际教学法等,每种方法都有其自身的优势与不足,教师应该兼收并蓄、集各家所长,切忌拘泥于某一种所谓流行的教学方法。英语教学包括语言知识教学和语言技能教学两个方面;语言知识包括语音、词汇、语法等内容,不同的语音、不同的词汇、不同的语法具有不同的特点;语言技能包括听说读写四个方面,其中又包括许多微技能。学生的个体差异也是千差万别的,因此,在英语教学过程中要综合学生、教学内容以及教师自身的特点,创造性地开展多种多样的教学活动,充分体现教学方法的多样性和灵活性,使英语课堂新鲜有趣,从而激发学生学习英语的热情,挖掘学生的潜能。

2. 学习的灵活性

教学方法的灵活性可以有效地带动英语学习的灵活性。要努力改变以往单纯地死记硬背的机械性学习方法,帮助学生探索合乎英语语言学习规律和符合学生生理、心理特点的自主性学习模式,使学生能够自我导向、自我激励、自我监控,使静态与动态结合,基本功训练与自由练习结合,单项练习和综合练习结合。通过大量的实践,使学生具有良好的语音、语调、书写和拼读的基础,能用英语表情达意,开展简单的交流活动。

3. 语言使用的灵活性

英语学习的关键在于使用,教师要通过自身灵活地使用英语来带动和影响学生使用英语。教师应尽可能多地用英语组织教学、用英语讲解、用英语提问、用英语布置作业等,使学生感到英语的鲜活感。英语教学的过程不应只是学生听讲和做笔记的过程,而应是学生积极参与,运用英语来实现目标、达成愿望、体验成功、感受快乐的有过程。另外,教师还可以通过灵活性的作业使学生灵活地使用英语，作业的布置应侧重实践能力的培养，如可以让学生录制口头作业，让学生轮流运用英语来演讲、评论新闻等。

（三）文化性原则

文化性原则也是英语教学要遵循的原则之一。培养学生的跨文化交际能力是我国英语教学的重要目标，想要达到这一目标，既离不开扎实的语言功底，又需要一定文化知识的储备。具体而言，在英语教学中，教师可以通过如下方式导入文化知识：第一，注意捕捉教材中的文化信息。第二，运用真实的情景教授文化知识。第三，认真分析中西方文化的差异。第四，充分利用多媒体与网络进行教学。

（四）持续性原则

基础教学阶段结束之后，学生还要接受更高级别的英语教学，继续进行英语学习。因此，教师要遵循持续性原则，在基础教学阶段就要为学生的高级阶段学习打好基础。具体要做到如下几点。

1. 做好英语知识的前后正迁移

因为学习任何知识都不可避免遗忘，所以，教师要在教学过程中注重帮助学生巩固所学的知识。通常，机械式地巩固语言知识不会收到很好的效果，因此，教师应该鼓励学生在实践中巩固知识，在发展中巩固知识。在英语教学中，教师要尽可能用各种方式增大正迁移量，以便学生更好地掌握知识并发展实践能力。

2. 培养学生学习英语的正确态度

保持学生学习英语的积极性，注重培养学生学习英语的正确态度。也就是说，教师在日常教学中应有意识地培养学生积极的学习态度，让他们感受到英语学习的乐趣，并且锻炼学生使用英语进行交际的能力与胆量。此外，教师还要帮助学生树立起自信心和克服困难的意志。

持续性原则的提出有助于学生语言能力的不断发展，贯彻这一原则需要教师和学生的不断努力。从教师角度来说，教师应该做好知识的迁移，提高学生对知识的应用能力。从学生角度来说，学生应该端正态度，提高自己的英语学习能力和应用能力，提高自身的文化素养，最终达到使用英语进行交际的目的。

（五）以学生为中心

英语教学的首要原则就是坚持以学生为中心。教师在教学过程中要尊重学生的主体地位，尊重学生学习英语的自然规律。也就是说，教师开展的所有教学活动都要围绕学生的学习展开。在英语教学过程中，教师要遵循以学生为中心原则，就要做到如下几点。

1. 制订科学的教学方案

保证教学活动顺利开展的一个重要保障就是制订科学的教学方案。教师要坚持以学生为中心，必须根据学生实际的语言接受水平和语言运用能力确定合理的教学目标、教学任务、教学计划、评定方法等。如果教学方案不科学、不可行，就难以提高学生的语言水平。

2. 选择合适的教学方法

选择合适的教学方法也是坚持以学生为中心原则不可忽视的问题。通常，针对不同的教学内容，教师应该选择不同的教学方法。例如，直观的教学方法利于学生直接感受和理解语言，通过视、听、说加深印象，强化记忆，激发学生参与的兴趣。形象化教学方法与学生的直觉思维特征相符合，如投影、模型、录音、图片等媒体，可以激发学生的学习兴趣和好奇心。

第三节 高校英语教学的构成因素与核心内容

一、高校英语教学的构成因素

（一）教师

教师是教学活动的组织者，也是影响教学效果的重要变量之一。教师在教学过程中，除了要充分发挥自身的主导作用，还要注重自身素质的提高。一名合格的英语教师应该具备专业素养、师德素养、人格素养。

1. 专业素养

教师的专业素养包括如下几个方面。

（1）综合教学能力。综合教学能力是指在英语教学中所需要的语言教学之外的教学能力，主要包括书写、唱歌、绘画、制作、表演等。较强的综合教学能力要求如下：能写，即书写字迹工整规范；能唱，即能结合学生学习的进程教学生唱英文歌曲；会画，即会画简笔画，并能运用于教学之中；会制作，即能设计、制作适用于教学的各种幻灯片、视频等；善表演，即能充分利用体态语言，能以丰富的表情、协调的动作表达意义或情感，做到有声有色。

（2）系统的教学理论知识。所谓系统的教学理论知识，是指教师除了要具备教育学、心理学理论知识，还要掌握英语教学理论知识，主要包括现代语言知识、英语习得理论知识和英语教学法知识等。

（3）较高的语言水平。较高的语言水平是一名英语教师进行教学的基础，主要包括扎实的语言专业知识和较高的语言技能。教师不仅要具备系统的英语语音、语法知识，还要具备较大的词汇量，同时要具有良好的听、说、读、写能力。较高的语言水平是教师开展教学活动的基本保障，教师只有具备较高的语言水平，才能全面地掌握教材，才能向学生传授英语语言知识,培养学生的英语语言技能。

(4)英语教学的组织能力。英语教学的组织能力主要指教师动员和组织学生进行集体学习的能力。这一能力主要表现在教师有效地掌握课堂、有效地动员学生积极学习等方面。在有效掌握课堂方面,教师要做到以下几点:注意教材内容、自己的言语表达;注意学生理解和表达的正确性,包括语音、语法、词汇及思想表达等方面的内容;注意课堂氛围和纪律;注意掌握学生的注意力。做到以上几点,教师才可以使课堂教学井然有序。要想有效地动员学生积极学习,教师需要具有一定的创造性。教师要进入一种创造性的境界,思维活跃,能够自由地运用知识与技能,使学生得到有力的感染,愿意全身心地投入教师引导的学习活动之中。教师流利的英语本身就是动员学生的一种力量,教师发音要清晰、准确、流利。教师还要能够根据学生的语言水平来组织自己的语言,主要使用学生学习过的词汇和语法结构。

(5)传授英语知识技能的能力。

①教师要善于讲解。讲解是所有教师必须具备的最主要、最基本的工作能力。一名合格的教师要善于将复杂的教学内容变得通俗易懂,能够深入浅出地进行讲解。为此,教师不仅要充分了解学生的心理特点、生理特点及学生的英语水平,还要认真细致地做好备课工作,根据不同的内容选择适当的讲授方法,在讲解的过程中做到重点突出。

②教师要善于示范。英语教学既要传授知识,又要培养技能。学生语言技能的训练包括发音、书写等,这些都需要教师进行示范,然后学生对教师的示范进行模仿。教师要将示范和讲解相结合,用示范配合讲解,或者用讲解来突出示范中的重点,示范正确标准。由于示范是为了让学生进行模仿,因此示范还要与学生的实践相结合。

③教师要善于提问。向学生提问是英语教学的重要手段,教师要善于使用这一手段。例如,在讲授新知识之前通过提问来复习旧知识,用提问检查与复习讲授过的内容。使用提问教学手段时,教师要注意两点:

提出的问题要适合学生的实际水平；提问要注意调动全班学生的积极性。

④教师要善于引导学生进行练习。语言技能的培养需要大量的语言实践，如语音练习、语法练习、口语表达练习、听力培养练习、阅读练习、写作练习等。教师要熟悉各种练习形式的作用，并在英语课堂教学中引导学生进行各种练习活动，有效培养学生的语言技能。

（6）较强的科研能力。以往的英语教学只要求教师具备一定的语言水平和教学水平。但是随着时代的发展，对教师提出了新的要求，教师除了要具备一定的语言水平和教学水平，还要具备较强的科研意识和科研能力。

一名优秀的英语教师不仅是教学的实践者，还应该是科研的参与者，是英语教学与学习规律的研究者。为了提高我国的英语教学水平，应充分考虑我国的特色，结合我国的教学实践，通过融合与创新，努力探索具有中国特色的英语教学之路。为此，教师应该结合自己的教学经验和教学实践，通过不断地调查研究教学实践过程，分析总结经验，改进教学模式，并将其中成功的经验上升为新的理论，丰富我国的英语教学实践，促进我国英语教学的发展。

2. 师德素养

师德是教师最重要的素养，也是教师从事教育活动的动力源泉。师德决定着教师对学生的热爱、对事业的忠诚、对教学的执着追求。同时，师德直接影响着学生的成长。因此，英语教师必须具有坚定的理想信念，有着科学的世界观、人生观、价值观，忠于教育事业，具有爱岗敬业的奉献精神，热爱学生。教师只有具有师德，懂得奉献，为人公正，具有责任感，才能言传身教。

3. 人格素养

人格素养是教师素养的综合体现。"学高为师，身正为范"概括了教师的职业特征和专业特征，也概括了对现代英语教师人格素养的要求。一名优秀的英语教师应具有高尚的道德品行，宽容、谦逊、好学的品质，良好的心理素质，幽默的语言表达，和谐的人际交往，端庄的仪表风度，优秀的审美素质，积极耐心的工作态度及丰富的知识经验等。这些方面并不是孤立的，而是相互联系、相互影响的。

（二）学生

学生是高校英语课堂教学的主体以及中心。每位学生都是独立的个体，年龄、性别、出生地、成长经历等因素会让学生之间有较大差异，而这些差异会反映在语言潜能、认知风格、情感因素等方面，导致每位学生掌握并理解新知识的速度与程度都存在一定的差别。接下来将介绍学生在这三个方面的差异。

1. 语言潜能差异

语言潜能是一种固定的天资，是指以认知素质来预测学生学习英语的潜在能力。英语学习能力包括以下四种：语音编码、解码能力，即关于输入处理的能力；归纳性语言学习能力，即关于语言材料的组织和操作能力；语法敏感性，即从语言材料中推断语言规则的能力；联想记忆能力，即对新材料吸收和同化的能力。

不同的学生在语言潜能上存在着差异，在英语教学过程中，教师应大致了解学生的语言潜能，因材施教。

2. 认知风格差异

认知风格是指人在信息加工过程中，表现出来的认知组织与认知功能方面的风格。认知风格差异既包括个体知觉、记忆、思维等认知过程方面的差异，也包括个体态度、动机等人格形成和认知功能与认知能力方面的差异。不同的个体有不同的认知风格，不同的认知风格各有优势与劣势。学生之间可以有各自偏爱的信息加工方式，在学习不同材料时也会各有所长。当学生的认知风格与教师的教学风格、学习环境中的其他因素相吻合时，其学习效果会更好。因此，教师应了解并尊重学生不同的认知风格类型，针对不同的英语学习任务和英语学习环境因材施教，妥善引导，使自己的教学特点与学生的需要有机联系，进而取得良好的教学效果。

3.情感因素差异

情感因素方面的差异主要涉及以下几个方面。

（1）学习动机。学习动机是指激发个体进行学习活动，维持已进行的学习活动，并使行为朝向一定的学习目标的一种内在过程或内部心理状态，是推动学生进行英语学习的内部动力，是影响英语学习效果的一个关键因素。学习动机是学习活动得以激发、维持、完成的重要条件，并由此影响学习效果。

（2）性格。性格是指一个人对现实的态度和行为方式中表现得比较稳定但又可变的心理特征，是学生的重要情感因素，也是决定其英语学习效果好坏的关键因素之一。人的性格大体可以分为外向型和内向型两种。外向型的学生擅长交际方面的学习，不怕出错，会积极参与英语学习活动，能在活动中寻求更多的学习机会；而内向型的学生在发展认知型学术语言能力上更占优势，其沉静的性格适合阅读和写作。对教师来说，研究学生性格差异的最终目的，是充分了解学生的个体差异和不同的心理状态，发挥不同性格学生的优势，因材施教，以获得更理想的英语教学效果。

（3）态度。态度是指个体指向一定对象的、具有持久性和评价性特点的心理倾向，包含认知、情感和行为意向三种成分。认知成分指个人对有关事物的信念，情感成分指与这些信念有联系的情感体验，行为意向指行为反应的准备状态。通常无法直接观察，只能从他人的言行反应中去推断。一般来说，对英语学习持积极态度的学生，会对英语抱有好感，渴望了解其历史、文化和社会习俗，一般会获得良好的学习效果；反之，对英语学习持消极态度的学生则很难认真了解其背后的文化并学好英语。此外，学生对学习材料、教学活动及教师的态度都会影响到他们英语学习的效果。

对学生个体差异的分析有利于教师根据学生的个体差异制订教学计划，选择合适的教学材料和教学方法，具有重要的实践意义。

（三）教学环境

任何教学活动都是在一定的教学环境中进行的，教学环境是教学活动的基本要素之一，是开展教学活动的依托。同样，英语教学也必须在现实的英语教育环境中进行。

1. 教学环境的构成要素

英语教学环境是指英语教学赖以进行的实际条件，即能稳定教学结构、制约教学运作、促进个体发展的教育条件和环境因素。环境因素是影响英语教学活动和效果的外部条件。教学环境的构成要素主要包括以下几点。

（1）学校环境。学校是为学生提供学习场所和学习手段的最佳环境，它对英语教学的影响更为重要和直接，决定着绝大多数学生英语学习的效果。学校环境主要包括课堂教学、接触英语课程的频率、班级的大小、教学设施、教学资料、英语课外活动、英语教师及其他教职工对英语的态度及其英语水平、校风班风和师生人际关系等。

（2）社会环境。社会环境是影响英语教学过程的重要因素，主要指社会制度、国家的教育方针、英语教育政策、经济发展状况、科学技术水平、人文精神、社会群体对英语学习的态度及社会对英语的需求程度等。社会环境因素是英语教学向前发展的动力，对英语教学具有重要的导向作用。

（3）个人环境。个人环境主要包括学生家庭的经济状况，家庭成员的社会地位、文化水平及其对英语的态度，学生与家人、同学、朋友的关系及感情等。个人环境也会对学生的英语学习产生一定程度的影响。

2. 教学环境对英语教学的意义

教学环境对英语教学的意义主要表现在以下几个方面。

（1）促进教师在教学中更加努力地营造良好的英语课堂教学环境，

充分利用现代化教学手段与教学资源，优化教学环境，提高学生的学习效果。

（2）可以帮助教师有效地加工语言输入材料，科学地设计语言练习，创造良好的英语课堂使用环境。

（3）有利于教师在不断的学习和实践中优化课堂教学环境的策略，创造良好的英语教学环境，提高自身的教学素质。

（四）教学方法

语言教学教无定法，贵在有法。在英语教学历史上，有多种教学方法都曾经发挥过重要作用，有效地促进了英语教学的发展。例如，翻译法、直接法、自觉对比法、听说法、视听法、认知法、功能法，以及由此派生出来的口语法、全身反应法、自然法、沉默法、暗示法、交际法等。不同的教学方法对不同的语言知识、语言技能各有侧重，综合、灵活地运用各种教学方法才能有效促进学生英语能力的提高，才更有利于学生英语水平的全面发展。

在英语教学中，教师应该注意无论使用什么样的教学方法，都必须以提高学生的语言交际能力为教学的出发点，尽量将教学与日常实际生活结合起来，鼓励学生有创造性地、有目的地运用已学语言材料，在生活场景中组织语句，表达自己的感情。同时，教师应力求教学过程交际化，保证教材内容选自真实生活中的自然交际，适合学生的年龄，对处于不同阶段的学生采取不同的教学方法。

二、高校英语教学的核心内容

（一）语言知识

1. 语法结构

语法结构分为以下三个层面。

（1）词语层面。主要包括名词、代词、限定词、数词、时态、被动语态、短语动词、不定式、现在分词、动名词、过去分词、情态动词、虚拟语气、介词、形容词、副词、构词法等。

（2）句子层面。主要包括句型、句子成分、名词从句、直接引语、间接引语、形容词从句、同位语、副词从句等。

（3）超语句层面。主要包括并列结构、插入语、倒装语序、强调、省略、替代等。

2.功能意念项目

功能意念项目主要包括以下几方面。

（1）寒暄。主要包括问候、告别、称呼、介绍、致谢、道歉、同情、祝贺、邀请、提议等。

（2）态度。主要包括愿意、决心、责备、抱怨、允许、建议、命令、相信、怀疑、认定、提醒、承诺等。

（3）情感。主要包括高兴、担忧、焦虑、惊奇、满意、失望、恼怒、恐惧等。

（4）时间。主要包括时刻、时段、时间关系、频度、时序等。

（5）空间。主要包括位置、方向、距离、运动等。

（6）计量。主要包括长度、宽度、深度、容量、速度、准确度、温度、近似、平均、比率、最大限度、最小限度等。

（7）信息。主要包括定义、解释、澄清、争辩、叙述、描述、演示、概括、结论等。

（8）关系。主要包括对比、相似、差异、因果、目的、假设、部分和整体关系等。

（9）计算。主要包括加、减、乘、除等。

（10）特性。主要包括形状、颜色、材料、规格、功能和应用等。

（二）语言技能

听、说、读、写是学习和运用语言必备的四项基本语言技能，是形成语言综合运用能力的重要基础和手段。听是分辨和理解话语的能力；说是运用口语表达思想、输出信息的能力；读是辨认和理解书面语言的能力；写是运用书面语言表达思想、输出信息的能力。学生通过大量听、说、读、写的专项训练和综合性语言实践活动，形成这四种技能的综合运用能力，为进行真实的语言交际奠定基础。

（三）情感态度

所谓情感态度，是指兴趣、动机、自信、意志和合作精神等影响学生学习过程和学习效果的相关因素，以及在学习过程中逐渐形成的祖国意识和国际视野。在教学中，教师应不断激发并强化学生的学习兴趣，引导他们逐渐将兴趣转化为稳定的学习动机，树立自信心，锻炼克服困难的意志，认识到自己的优势与不足，乐于与他人合作，养成健康向上的品格。

（四）学习策略

学习策略是指学生为有效地学习和发展而采取的各种行动和步骤。英语学习的策略包括认知策略、调控策略、交际策略和资源策略等。培养学习策略有助于学生有效学习英语，为终身学习奠定基础。使用有效的英语学习策略，可以改进学生的英语学习方式，提升学习效果，还可以让学生学会如何学习，从而培养学生自主的终身学习能力。因此，教师要有意识地帮助学生形成适合自己的学习策略，对自己的学习过程和效果进行反思，培养学生调整学习策略的能力，引导学生观察他人的学习策略，与他人交流学习体会，尝试不同的学习策略。

第四节　高校英语教学的历史沿革和发展趋势

一、高校英语教学的历史沿革

(一)探索阶段：1982—1987年

1982年党的十二大召开后，我国的改革开放事业全面展开，开创了社会主义现代化建设时期的新局面。1985年5月，颁布《中共中央关于教育体制改革的决定》，标志着我国教育改革和发展进入一个新的发展阶段。在这样的背景下，公共英语教学受到学校的重视，公共英语逐渐成为高校一门重要的基础必修课程，促进了高校英语教学的繁荣发展。

进入20世纪80年代，高校的大学外语教学已经以英语教学为主流，在各种内外因素的刺激下，高校英语教学迅速发展，成为多所高等院校的一门重要课程。但是当时高校英语教学思想不明确、教学大纲陈旧、师资力量缺乏、教学设备简陋、教学方法落后，教学效果不尽如人意，远远不能适应改革开放和市场经济发展的需要，这一切使得高校英语教学改革势在必行。中华人民共和国教育部（以下简称教育部）在1982年开始就我国高校英语的改革陆续召开了一系列全国性的会议，正式开始了自新中国成立以来的第一次全国高校英语教学改革。这次改革主要表现在以下几个方面。

1.颁布了第一套全国统一的理工科本科用的《大学英语教学大纲》和文理科本科通用的《大学英语教学大纲》

1982年4月21日，全国公共外语教学研究会成立大会在武汉举行。学会的主要任务是积极开展学术交流活动，促进公共外语教学的提高与发展，为实现社会主义现代化做出贡献，把公共外语的教学提高到一个新的水平。据此，教育部委托理工科外语教材编审委员会和中国公共外语教学研究会负责大纲修订工作。参加大纲修订工作的有北京大学、清华大学、重庆大学、哈尔滨工业大学、华中工学院、大连海运学院、西安交通大学和上海交通大学，工作班子设在上海交通大学。1982年—1983年，大纲修订工作组进行了三方面的工作。第一，认真总结了我国30多年来公共英语教学的经验，学习和研究了国外语言学和英语教学的有关著作，从中吸取了一些切合我国需要的有益成分，在实践和理论上为修订大纲提供了可靠的依据。第二，进行了大量的调查研究工作。根据教育部（82）教高一字060号文件的精神和规定，修订组对1982、1983两届本科生新生入学的英语水平，分别进行了全国规模的抽样测试。第三，在调查研究的基础上，大纲起草小组于1983年5月提出了大纲正文初稿和四张附表（词汇表、语法结构表、功能意念表及语言技能表），以供讨论。大纲修订组两年内先后在上海、西安、安徽、无锡、杭州召开了六次不同类型和规模的讨论会议。最后于1984年5月23日至29日在杭州召开全国公共英语（理工科用）教学大纲审定会。参加会议的有来自全国25个省、市51所高等院校和单位的代表。会议认为《大纲》体现了"四性"（科学性、先进性、实用性和灵活性）要求，较好地结合了国外先进教学、语言学理论和中国的国情。会议一致通过《大纲》，改名为《大学英语教学大纲（高等学校理工科本科用）》，并决定报教育部审批。

《大学英语教学大纲（高等学校理工科本科用）》有五个特点：一是重视英语语言基础的教学及交际能力的培养；二是文、理科通用；三是读、听、写和说分三个层次即较强的阅读能力、一定的听的能力、初步的写和说的能力列入教学目的；四是实行了分级教学；五是定性、定量化。《大学英语教学大纲（文理科本科通用）》在修订过程中，大纲修订组为了保证大纲的指导思想得以贯彻实施，对教学内容作了精心的筛选和合理安排，力求做到科学化、精密化、具体化、规范化，既有定性的规定，又有定量的指标。对听、写、说等技能在从定性方面进行描述的

第一章 高校英语教学概述

同时，从难易程度、时间要求、字数、语速等几个方面做了定量的规定。

为了贯彻因材施教，循序渐进的教学原则，大纲提出了实行分级教学，即把基础阶段分为六个教学级，1—4级为基本要求，5—6级为较高要求。各级的教学内容和要求，在大纲及其附表中都做了相应的规定。各校新生的英语水平参差不齐，起点不一，分级教学有利于科学地组织教学，更好地调动学生的学习积极性，同时也有利于大纲教学内容的具体落实。

大纲规定在第四级和第六级结束时举行全国统一考试。这种考试的目的在于：比较科学地、客观地检查各院校大学英语的教学质量，督促大纲的贯彻实施，测试的结果可反过来检验大纲的合理性与可行性，并为改进教学提供依据。

2. 第一套全国高校文理科通用的《大学英语》系列教材问世

在修订大纲的同时，1986年8月7日，大学外语教材编审委员会综合大学英语编审组在兰州召开了大学英语教学研讨会。参加研讨会的有来自全国各地的综合大学、师范以及其他文理科院校的代表。会议听取了复旦大学、北京大学、华东师范大学、中国人民大学合作编写的《大学英语》系列教材的报告。《大学英语（文理科本科用）》虽然不是国家统编，却是第一套根据新的《大纲》的要求编写的教材。它与理科英语教材相比，在方法与内容上都有较显著的改变。它是一套系列教材，共分精读、泛读、快速阅读、听力和语法与练习五种教程。按分级教学要求除语法与练习只编四册外，其他教程各编六册，每级一册。精读和听力教程每册都配有录音和教师用书。该系列教材确实是公共英语教学史上一项空前巨大的工程。中华人民共和国国家教育委员会（教育部前身，以下简称国家教委）为了推动新《大纲》的实施，特拨款聘请两名专职外籍教师，参加编写和文字审定工作；由教学经验丰富的中年教师担任主编并请各校的老专家担任主审。五种教程根据各自的课型特点自成体系，又相互配合，形成整体。同以往出版的同类教材相比，这套教材从形式到内容都有所创新，吸收了国内外英语教学法研究的新成果，具有一定的先进性；同时，这套教材还保留了过去的教学实践业已证明的行之有效的做法，符合当时和今后一段时间内我国大学英语教学的实际情况，具有广泛的可行性。文理科通用的教学大纲和系列教材的诞生结束了我国高校长期以来文理科英语分离的局面，表明我国高等院校大学英语教学获得了初步的发展。

3.大学英语四、六级考试的开发和实施

外语教学质量的提高，除明确教学目标、编写高质量的教材外，还必须提供检查和考核的手段。国家教委在批准实施《大学英语教学大纲》的通知中指出，《大纲》确定的教学目的和要求反映了当前国家对高等专业人才外语方面的要求，是今后检查大学英语教学质量的依据。国家教委对结束四、六级学习的学生进行统一的标准考试，重点院校应达到的级别由各校自定。（这里所说的标准化考试也就是大学英语四、六级考试）为了保证大学英语四、六级考试的正常实施，1985年10月，由国家教委任命成立了大学英语四、六级标准考试设计组。设计组在中华人民共和国国家教育委员会高等教育司的直接领导下，在学术上、考务上和组织上对大学英语四、六级考试全面负责，设在上海交通大学的《大学英语》考试办公室承办具体工作，清华大学、上海交通大学、武汉大学三个考试中心则分片协助，各省、自治区、直辖市高教部门教务处与有关院校配合实施。

四、六级考试作为教学大纲的配套措施以及大学英语课程实行分级教学的评估体系，经过两年多的准备，终于正式实施。

（二）发展阶段：1988—2000年

1.高校英语教学的指导思想已发生转变

第一，开始用语言学理论来指导教学，在传授语言基本知识的同时坚持语言基本技能的训练，使学生既能在句子水平上掌握英语，也能在语篇水平上运用英语。第二，全国高校英语教学在新大纲的指导下目标明确具体，即高校英语实行分级教学，对各级教学目标和要求规定了定性和定量化的明确指标，实行全国高校英语四、六级统一的标准化测试。第三，改革了课型和教材，分科教学发展学生读、听、说、写的技能。第四，确定了高校英语作为一门独立学科的地位，高校英语教师的地位得以提高，教学设备得以改善。第五，成立了全国高校英语教学研究组织，促进了国内外高校英语教学方面的学术和科研成果的交流。随着我国对外开放力度的加大，国际交流的日益频繁，社会发展对高校英语教学提出了新的要求，培养具有国际竞争能力的能听、说、读、写的外语人才成为高校英语教学的迫切任务。为了推动高校英语教学健康发展，国家教委、高校英语教学界共同努力，展开了全国第二次大学英语教学改革。在高教司的领导下，完成了《大学英语教学大纲》的修订，多套教材的修订和开发，大学英语四、六级考试新题型和口语测试的增加等一系列深化大学英语教学改革的工作。

2. 多套教材的开发

为了进一步加强高等学校教材建设和管理，1987、1988年，国家教委先后发布了《高等学校优秀教材奖励试行条例》和《高等学校教材工作规程（试行）》等文件，总结了高等学校教材建设工作的基本经验，提出了教材工作的方针、任务，制定了教材规划、编审、出版、评估、奖励等方面的规章制度，有力地指导和促进了高等学校的教材建设工作。[①]20世纪80年代中期后成立高等学校教材编审委员会，在文科教材建设方面，先后制定了两个教材编选计划：《1978年—1983年高等学校文科教材编选计划》和《1985年—1990年高等学校文科教材编选计划》，促进了文科教材建设工作，文科教材的数量增加、质量提高，涌现了很多比较优秀的教材。自1986年董亚芬主编的《大学英语》系列教

---

① 郝维谦，龙正中.高等教育史[M].海口：海南出版社，2000：365.

材问世后，从1987年到1997年的十年间又陆续出版了上海交通大学杨惠中、张彦斌主编的《大学核心英语》系列教材、清华大学外语系编写的《新英语教程》系列教材、由麦克米伦出版公司和高等教育出版社联合出版的《现代英语》、大连海运学院杨美楣主编的《大学英语第2册》，还有与董亚芬主编的《大学英语》系列教材。其中《大学英语》《大学核心英语》《新英语教程》和《现代英语》四套教材由于组织了全国院校的力量，引进和借鉴了国外教材，因此质量较高，使用最广泛，对我国大学英语教学的全面提高和蓬勃发展做出了巨大的贡献。尤其是董亚芬主编的《大学英语》，获得了教育部高等教材优秀奖，自出版后几经修订，长期以来深受广大师生的欢迎。该教材的编写体例、内容、形式等对同时期以及以后教材的编写都产生了很大的影响。

3.四、六级考试增加新题型和实施口语测试

为了进一步提高大学英语四、六级考试的效度，使考试更好地为教学服务，促使各校把精力放在正常课堂教学，扎实提高学生的实际英语能力，避免应试教学，全国大学英语四、六级考试委员会（以下简称考试委员会）从1993年开始进行新题型的研究工作。考试委员会经过两年的实验研究，并经国家教委高教司的批准，于1995年7月公布了第一批可能采用的两种题型：英译汉和听写填空，1996年7月公布第二批可能采用的新题型：简短回答题和复合式听写。这几种新题型从1997年1月开始在全国大学英语四、六级考试中陆续使用。每次考试分为五个部分，其中有一个部分可能采用新题型，具体采用何种题型事先不予公布，以鼓励师生认真搞好课堂教学，提高学生实际使用英语的能力，避免应试教学。为了使大学生更加重视英语口语学习，获得更强的英语口语交际能力，经教育部高教司批准，考试委员会从1999年开始施行大学英语四、六级考试口语考试，报名条件是已参加了当年的大学英语四、六级考试笔试部分，并且四级成绩在85分以上（含85分）或六级成绩在80分以上（含80分）的在校大学生。大学英语四、六级考试口语考试每年

举行两次，分别在 5 月中旬和 11 月中旬举行。

（三）改革阶段：2001 年至今

在 21 世纪初，随着我国改革开放的深化和发展，社会对外语的需求发生了很大的变化。我国国际交流的广度和深度都是史无前例的，对各类人才的口头表达能力以及写作能力提出了更高的要求。与此相适应，高校英语教学出现了新的特征，开始酝酿新一轮的改革。2003 年 3 月，教育部部长专题会议讨论通过了启动"高等学校教学质量与教学改革工程"的总体方案和基本思路，作为"高等学校教学质量与教学改革工程"重要内容之一的大学本科公共英语教学改革开始进入实施阶段。高校英语教学改革的主要目的是通过进行高校英语教学思想、内容、方法改革，改进教学手段，完善教学评价体系，建立适应新世纪人才培养要求的高校英语教学体系，通过充分利用现代教育技术，建立以培养学生自主学习能力为中心的立体化、多样化、个性化的教学模式。2007 年教育部高教司颁布了《大学英语课程教学要求》，提出了新的大学英语教学目标是培养学生的英语综合应用能力，特别是听说能力，使他们在今后学习、工作和社会交往中能用英语有效地进行交际，同时增强其自主学习能力，提高综合文化素养，以适应我国社会发展和国际交流的需要。这一时期的主要特点包括：高校英语的教育理念、教学目标发生转向，开始摒弃以培养学生阅读能力为中心的教学目标，强调听说领先。另外，在教学上，多媒体、网络等新技术的广泛应用，为教学理念的更新和教学手段的多样化提供了足够的条件和可能性。分级教学、互动式、交际教学法占据主导。同时，以四、六级考试为导向的教学模式开始淡化，许多把四、六级证书与学位证甚至是毕业证挂钩的做法开始逐步淡出高校英语教学。

与 1985 版大纲相比，2007 年版《大学英语课程教学要求》增加了"同时增强其自主学习能力，提高综合文化素养"的内容。这是第一次把"提高综合文化素养"写入教学大纲，标志着大学英语教学的功能定位开始出现转变。《大学英语课程教学要求》还指出大学英语课程不仅是一门语言基础课程，也是拓宽知识、了解世界文化的素质教育课程，兼有工具性和人文性。高校英语教学不再强调其单一的"工具"功能，开始探索其"工具"之外的其他功能，即高校英语教学不仅仅是获取专业知识的"工具"，还是对大学生进行人文通识教育、提高大学生综合文化素养的一部分。例如，在教学体系构建方面出现了很大的变化，课程体系日趋丰富，基础必修课学分减少，选修课学分逐步提高。原有的课程体系种开始加入大量的选修课程，如与提高英语技能有关的口语、翻译等课程，以提高综合文化素养为目标的文化类课程以及商务英语、会展英语、旅游英语等应用类课程。与此相适应，多元化的教学模式开始兴起，各学校开始尝试建立具有本校特色、符合本校实际、与本校学生基础水平相适应的高校英语教学模式及教学体系。

二、高校英语教学的发展趋势

（一）由理论型向实用型发展

"简单英语"已成为现代英语发展的一个趋势，即利用最小的词汇量和最简单的句型来进行交流，在说和写方面都力求使用简单的词汇和简短的句子表达。本着这样一个原则，英语教师应该鼓励学生用简单的词汇、简短的句子进行交流，避免使用生僻的单词和结构复杂的句型。否则，容易使学生对英语的学习产生畏难和抵触情绪，挫伤学生学习英语的积极性。课程体系的设置要以市场需求为导向，以应用为宗旨，在分析语言能力要求的基础上，准确合理地制定教学目标和教学方案。首先，要以"够用"为度。把掌握英语基础知识作为高校英语教学的基本任务，把握教学的深度和教学内容，做到学生毕业时能够满足工作过程中应用的基本需要。其次，以"实用"为方向。在把握能力要求的"度"的基础上，侧重培养学生的"实用能力"，根据不同专业对英语能力的不同要求，对英语教学有所侧重。

（二）听、说、读、写、译全面发展

随着全球的经济合作越来越紧密，国际经济、技术交流日益频繁，英语作为国际交流应用最广泛的语言工具之一，已成为社会对工作者基本能力的要求。因此，提高英语应用能力是英语教学的一个重要目标。作为英语教师，更要不断研究，勇于探索，大胆创新，从培养应用型人才出发，结合学生的实际情况，把英语教学推上一个新台阶，真正为国家培养更多优秀的高等专业技术人才。在开展口语、听力教学的基础上，多开展第二课堂，带领学生亲临实地进行学习，采用情景教学法、交际教学法、任务教学法和自主学习教学法等方法，促进学生听、说、读、写、译全面发展。

（三）以"教"为主向以"学"为主转变

在当前教育改革高速发展的今天，我们必须切实尊重教育规律、教学规律和人才成长规律，全面贯彻党的教育方针，深化英语教学改革，提高英语教学质量，满足国家和社会对人才培养的需求。摈弃落后的教学方法，灵活地运用多种先进的教学方法，充分激发学生学习英语的兴趣和主动性，提高学生的英语应用能力和学习效率，使学生养成良好的英语学习习惯，把英语学习贯穿在实践和运用中，使教学过程成为一个互动的过程。在这个过程中，学生具有主动性，学生在教师指导下选择学习策略，检查和分析自己的学习过程，进行自我管理、自我调控和自我评价，采取最适合自己的方法，取得最好的学习效果。

第二章　高校英语教学模式分析

第一节　教学模式与英语教学模式

一、教学模式

（一）教学模式的内涵

美国教育家在乔伊斯《教学模式》一书中首先提出教学模式的概念。从不同的角度，各位学者对教学模式有多种多样的界定，主要有以下几种。

1. 教学理论说

张武升主张教学模式是一种教学理论。他认为，教学模式是在教学实践中形成的一种设计和组织教学的理论，这种教学理论以简化的形式表达出来"模式是再现现实的一种理论性的简化的形式"。[①]

教学模式是以抽象形式对教学原型的类比和简约的表达形式，因此类比和简约既是教学模式，也是教学理论的本质特征。同时，教学模式还着重展现教学方法、组织形式等因素之间的相互联系，具有实质操作性的特征。所以，教学模式不等于教学理论，而是介于教学理论和教学实践之间的桥梁，两者之间存在着质的区别。

---

① 张武升.关于教学模式的探讨[J].教育研究，1998（7）：60-63.

2. 教学方法说

温世颂认为，教学模式是一种特殊的教学方法，运用于某些特定的教学情境。①

教学方法是实现某一目标的单一的、具体的、实践的手段。教学模式是比教学方法更高一层次的概念，包含教学方法等因素在内。因此，教学模式与教学方法紧密相连，但它不等于教学方法。

3. 教学策略说

美国教育家保罗·D.埃金认为，教学模式是建立在特定教学目标基础上的、具有规定性的教学策略。②

策略是在教学过程中采用的总的对策、计划、措施、方法和思维活动的程序。教学模式涵盖着教学策略，教学方法和教学模式既有联系，又有区别。

教学理论是教学模式的指导思想、基本原理，是构建教学模式的理论基础。教学理论也是教师应用、管理教学模式的理论依据。教学目标既在方向上制约着教学活动结构的程序、步骤的设计以及教学策略与方法的实施和操作，也是评价教学结果的最终标准和依据。教学结构是教学模式各因素互相联系、排列组合而成的比较稳固的结构。教学策略是指在教学过程中积极有效的教学途径、方法和技巧，包括内隐的思路和外显的行为。教学评价是依据教学目标对教学程序中各因素及其综合结果做出科学评估和自我评价的手段，也是检查教学目标完成程度和获取反馈信息的重要手段。

由此可见，教学模式不仅是一种教学理论，也是实施具体操作的策略和方法。因此，教学模式是一种既具理论性，又含操作性的典型形式。一种典型的教学模式不可能仅仅针对一个具体的知识点。教学模式是针

---

① 温世颂.教育心理学[M].台北：台湾三民书局，1980：269.
② 埃金，考切克，哈德.课堂教学策略[M].王维城，刘廷宇，徐仲林，等，译.北京：教育科学出版社，1990：11.

对一类知识构建的系统化的体系，教学模式不可能在个别、偶然的教学现象中产生，而只能在一类知识或能力概括的、能揭示普遍规律的、可重复模拟标准化的教学活动中产生。教学模式是相对稳定的，但也是可修正和发展的。教学模式要针对教学内容的不同领域、不同层次来构建。

（二）教学模式的特点

1. 融合性

教学模式旨在建立一个设计、组织、实施抽象理论的完整的理论联系实践的组织结构体系，搭起抽象的教学理论与具体的实践操作之间的桥梁。它把教学策略、方法、手段和组织形式融合为一个完整的系统以指导教学实践，以便于教师能具体掌握操作和应用。教学模式能发挥内在各因素的整体教学功能，并能积极有效地指导教学实践，从而提高教学质量。

2. 直观性和可操作性

教学模式使抽象理论转化成简单、直观、具体的操作组块框架和策略方法，能使实践工作者快捷地理解、掌握操作的过程。

教学模式是教学理论联系教学实践的产物，既具有理论性，便于理解和把握；又具有操作性，将整体框架切分成独立而又相互联系的各个步骤，以便于操作和应用。

3. 包容性和可预见性

教学模式是各因素相互联系组成的一个开放式的框架，它不是在单一知识点的个别、偶发教学过程中产生和构建的。只有总结、归纳和概括一类知识普遍发生的教学现象，才能产生符合普遍规律和比较稳定的结构框架。

由于教学模式依据特定的教学理论，以教学目标为导向，发挥结构中教学策略、方法、手段的整体优势，所以它能预见由程序与结果的互动关系而产生的积极有效的成效。

随着教学实践理性认识的不断加强，以及教学理论的不断深化、更新和发展，教学模式也会不断得以修正和完善。因此，教师要灵活地、创造性地应用教学模式，体现出自身独特的教学风格，使其发挥更高的效能。

（三）教学模式的结构

1. 教学思想或教学理论

任何教学模式都以一定的教学理论或教学思想为依据。有的教学模式是在长期的教学实践中形成的，可能在开始时没有明确的理论依据，但在对教学经验进行系统分析、综合和概括时，总有一定的指导思想。

2. 教学目标

教学模式都指向一定的教学目标，都是为实现一定的教学目标而设计的。例如，自主学习模式的目标在于改变学生被动接受知识的片面性，培养学生的自主学习能力。

3. 操作程序

操作程序是教学活动展开的时间序列或逻辑步骤。每一种教学模式都有一套独特的操作程序，它是教学模式得以存在的必要条件。

4. 师生组合

教学是教师教和学生学的统一活动。在这一活动中，教师和学生分别占据一定的地位，扮演不同的角色，发生相互作用。不同的教学模式有不同的师生组合。在以培养学生的自主学习能力为主的教学模式中，教师是指导者，对学生的学习进行全面的指导；学生是受指导者，在教师指导下自学。

5. 教学条件

教学条件指完成一定的教学目标，使教学模式发生效用的各种条件。任何教学模式都有其限定条件，只有在限定条件下才能有效。例如，英语网络自主学习模式必须有网络教室、网络课程。教学条件包括多方面的内容，有教师、学生、教材、教学媒体、教学时空等。

6. 评价

评价是教学模式的一个重要因素，包括评价的方法和标准。教学模式的目标、程序和条件不同，评价的方法和标准也就不同。每一种教学模式一般都要规定自己的评价方法和标准。

（四）教学模式的功能

1. 描述组建功能

教学模式筛选了被实践证明行之有效的教学经验，经过概括和简化，组建为一种相对稳定的结构框架和活动程序，用来描述某一特定的教学过程所涉及的各种因素以及它们之间的相互关系。教学模式的组建往往围绕某一主题进行，这就使教学模式具有强大的凝聚力和个性。经过教学模式构建的教学理论，不仅是浓缩和精炼的，还具有可行性、典型性和优效性等特点。优秀教师可以借助教学模式的描述组建功能，将成功的教学经验进行加工和升华，使其转化为一般理论，从而提高教学理论的层次。

2. 咨询阐释功能

教学模式作为教学理论的简化形态，可以通过简明扼要的语言文字、象征性的符号和图形来阐释教学理论的基本特征，使教师直观而迅速地把握和领会其精神，从而完成为学生提供咨询的任务。教学模式的咨询阐释功能的发挥，有利于教学理论的普及与传播，成为教学理论的"宣传员"和"解说员"。教学实践者通过对教学模式理论要点的理解和操作要领的把握，增强自身驾驭教学模式的信心和选用教学模式的针对性，使教学实践者自觉接受教学理论的指导，克服教学实践的盲目性，增强教学实践的有效性。

3. 示范引导功能

教学模式为一定的教学理论应用于教学实践规定了较为完善、便于操作的实施程序。新教师若掌握了一些常用的教学模式，就有了进行教学的常规武器，可以很快过渡到独立教学，从而大大减少盲目探索、尝试错误所浪费的时间和精力。教学模式的示范引导功能,旨在传授教师教学的"基本套路",并不限制或扼杀教师的创造性。教师在运用这些"基本套路"时,可以根据具体教学条件或情境灵活调整,形成适合教学实践的"变式"。教学模式的示范引导功能的发挥,对于青年教师尽快独立教学、学校教学工作规范化、建立正常的教学秩序等,具有非常重要的意义。

4.诊断预测功能

对照教学模式的理论基础、功能目标、实施条件、操作程序,教师可以对教学活动进行诊断,提前发现教学中存在的问题,像教学目标不明确、实施条件不具备、操作要领不规范等,查明原因后即可快速改进教学。教学模式同时还可以帮助教师进行预测。教学模式的实施必须具备某些条件,如果具备了这些条件,一般就会有某种结果出现。教学模式的诊断预测功能的发挥,可以有效地增强教师对教学过程的控制和调节,使教学朝着预期的方向发展,取得预期的教学效果。

5.系统改进功能

教师通过应用教学模式,使教学活动过程系统化,构成一个整体优化的系统。为了适应新的教学目标,就要求教师对与之相应的教学条件、活动程序诸要素做一些改进,要求教师提高能力水平,以促进教学模式转化,直至以更有效、更完善的新模式取代僵化、落后的旧模式。教学模式的系统改进功能是建立在教学整体观基础之上的,它要求教师以整体、动态的眼光看待教学过程的模式优化、转换问题。教学模式的系统改进功能的发挥,可带动课堂教学、师生关系、教学评价、教学管理等教学领域的一系列改革。

二、英语教学模式

目前,国内对英语教学模式的理解主要有以下几种:第一,对一个系统或理论构成因素的框架式描绘。第二,教学模式是有理论支持的教学活动的操作框架。它能根据一定的教学理论而建成，也能通过概括实践经验来形成。

近几年来，高校英语教学界一直在探索一条适合中国国情的教学模式。比如，王才仁提出了一种在我国适用的英语教学交际模式，该模式"不仅把整个英语教学过程看作交际过程，而且把每一步也看成是交际；整个教学是师生之间的交际的反复循环"[①]。该模式的核心原则是交际，交际是教师与学生之间的纽带，语言的输入与输出都通过交际来实现。该模式吸收了西方第二语言习得理论的成果，强调交际的互动性和情境性。在该模式中，英语教学内容是语言信息、语用信息和文化信息，语言形式被看作信息的载体，以交际为教学结果表明了英语教学已经不再是一门学科而成为实现意义转换的工具。在英语教育史上这无疑是一大进步，但是在学生语言输入的正确、得体和流利性方面该模式关注得不够。肖礼全在对20世纪下叶以来中外四种教学模式评述的基础上，构建了一个"以中国国情为依据，以亿万中国人学习英语为目的"[②]的中国流英语教学宏观模式。该模式由教学环境、教学主体、教学过程、教学结果四个板块组成。它体现出很强的时代性，如教学过程分为实体和虚拟双轨。它吸收了先进的教学理论，因为该模式把教师和学生都看作教学的主体，并提倡自主学习和任务型教学等新理念。但是作为一个宏观模式它必须简洁明了，否则它无法涵盖"亿万中国人"的亿万种学习方式。该模式力图做到全面，但太全面难以突出其重点或个性，反而容易失去自身存在的价值。

教学模式本质的界定除了概念界定之外，还包括对模式层次的界定。在现代英语教学中，可以发现三种层次的模式：宏观模式（英语教学过程模式）、中观模式（大纲设计模式）和微观模式（课堂教学模式）。

近十年来随着课程改革的不断深入，研究人员在英语教学模式方面

---

① 胡春洞，王才仁.英语教学交际论[M].南宁：广西教育出版社，1996：63.
② 肖礼全.对中国英语教学宏观模式的思考[J].外语教学，2005，26（5）：35-42.

的研究取得了可喜的成绩。他们对模式的研究涵盖小学、初中、高中和大学等层面,提出了英语自律课堂教学模式、英语互动教学模式、高中英语逆向教学模式、三位一体高校英语整体教学模式等模式;还从教学方法角度摸索教学模式创新,提出了输入输出平衡英语教学模式、四段式英语教学模式、提纲式英语教学模式、封闭式英语教学模式等;教学方法方面主要集中在互动、合作、任务、创新等视角,提出了互动英语教学模式、自主交互式英语教学模式、任务型教学模式探究合作创新英语教学模式等。此外,在英语阅读课上还总结了许多教学模式,如问题式英语阅读教学模式、英语语篇教学模式等。

第二节 高校常见英语教学模式举例

一、交际型教学模式

(一)交际型教学模式的含义

交际型教学模式以社会语言学理论、心理语言学理论为基础,以交际功能为大纲,以培养交际能力为目标,是全世界影响较大的外语教学模式。交际型教学法的产生与当时的社会历史背景是分不开的。

20世纪70年代中期,在教育语言学和语言教学法领域中所有的实践和理论研究的重大问题,都归结到交际能力这一基本概念上。而越来越多的人也开始赞同从社会的角度来观察语言,于是社会需求和交际能力这一概念相结合,便形成了交际型教学模式。随后,交际型教学模式传入我国并得到了广泛的普及。

我们知道,交际型教学模式以培养学生的语言交际能力为目标,强调在不同的场合下恰当地使用语言,运用语言执行各项任务,如解决难题、获得信息、人际交往等。在交际型教学模式中,教师和学生的注意力应当放在怎样利用语言作为介质以实现交际目的、完成交际任务上，而不是只关注所述句子的结构是否完全正确。总之，交际型教学模式将语言的结构与功能结合起来，要求教师不仅要培养学生听、说、读、写等方面的语言技能，还要教会学生如何将这些语言技能灵活地运用到英语交际中去。

（二）交际型教学模式的理论基础

20世纪以来，英语教学模式一直以教师为中心，以讲解语言知识点为最普遍的标准教学方法，这一教学模式是建立在瑞士语言学家索绪尔的结构主义语言学理论基础之上的。在这一理论中，语言被看成一个完整封闭的符号系统，人们注重分析语言结构，强调语言形式，而语言的意义及其社会交际功能却被忽视了。

之后的交际能力理论对传统高校英语教学模式造成了极大的冲击。语言交际能力具有语法性、可行性、得体性和现实性的特征，其中除语法性属于语言能力之外，其他三种特征均涉及语用能力，该理论将语言能力与语用能力结合了起来。因此，人们开始逐渐认识到语言学习离不开一定的文化语境，学生不但要习得语言本身，还要习得使用语言的规则。

语言脱离其根植的文化后便无法存在，交际的成功不仅需要学生掌握足够的语言知识，也需要学生了解该语言的文化背景，还要了解文化方面的可接受性和不可接受性。文化的可接受性和不可接受性，涉及不同文化背景的人们因不同的行为规范、思维模式、价值取向及语用迁移而造成的交际中的文化接纳和冲突。对此，交际型教学模式的理念是把跨文化交际能力作为英语教学的最终目的，避免文化冲突的发生。

（三）交际型教学模式的优势

交际型教学模式是一种多极主体间的认知交往活动。在语言交际活动中，师生之间、学生之间在不同场景中发生着频繁而密切的联系。交际型教学模式能使教学过程发挥更大的功效，比传统的讲授式教学模式具有更多的优势，主要表现在以下三个方面。

1. 学生主动学习

交际型教学模式鼓励学生主动参与教学而不是被动接受教学。学生通过主动参与教学活动，能发现自身和教学中的问题并及时反馈，之后与教师交流解决问题。例如，学生通过团队合作、小组发言、角色扮演、课堂讨论和个人陈述等方式多方面参与教学活动，改变了课堂完全由教师控制的单一局面，学生不再只是被动听讲。这样学生在主动学习的过程中能够得到认可、鼓励和赞扬，有了成就感之后，学习的热情自然会被激发，学习兴趣和积极性就会被调动起来。

2. 注重将书本理论转化为学生的交际能力

高校英语教学的目的是实际的交流和应用。在传统教学模式下，教师总是抽象地强调理论联系实际，这与身临其境的角色扮演、来自实际的案例分析以及学生通过彼此讨论交流从实际反思中总结出的理论升华存在差异。交际型教学模式注重将具体、广泛、深入的理论联系实际并转化为学生的交际能力，它以培养学生的交际能力和解决实际问题的能力为目标，使高校英语教学更具应用价值。

3. 学习效果更佳

传统教学模式下的教学信息基本是由教师到学生的单向传递。而在交际型教学模式下，这种单向交流变成了语用情境中师生之间和学生之间的多向互动。学生能够在与实际联系密切且充满趣味的场景中更加生动、真实、标准地运用语言，既实现了学即所需，又体现了自我价值。这必然会从整体上提升高校英语教学的质量和学生的学习效果。

二、分级教学模式

（一）分级教学模式的理论基础

分级教学是以克拉申的"i+1"语言输入假设理论、学习迁移理论和布鲁姆的掌握学习理论为理论基础的，下面具体讲述这三个理论的内容。

1. "i+1"语言输入假设理论

"i+1"语言输入假设理论为高校英语分级教学提供了理论支持。"i+1"语言输入假设理论与分级教学的相关性有以下两方面。

（1）从课程理论角度来看，该理论注重学习目标的达成，集中反映了循序渐进的观点，即强调学习的步骤、方法和过程。"i+1"理论不仅注重知识的获得，而且特别强调学生获得知识的方法，这正是高校英语分级教学的精髓和理论基础。

（2）从教学实践来看，分级教学就是针对学生不同的语言技能、认知风格、动机、态度和性格等个体差异实行不同的教学目标、教学要求、教学方法和教学评价。这与"i+1"语言输入假设理论的内涵是一致的。

2. 学习迁移理论

所谓学习迁移，即一种学习中习得的经验对其他学习的影响。其本质是原有的知识在新的学习情景中的运用，但凡一种学习对另一种学习能够起促进作用的，都称为正迁移；只要一种学习对另一种学习起干扰或抑制作用的，都称作负迁移。众多学者针对学习迁移的问题提出了不同的看法，从而形成了各种各样的学习迁移理论，其中的认知结构说从心理学角度阐明了我国高校英语分级教学的必要性。

（1）认知结构迁移理论的内容。认知结构迁移理论是奥苏伯尔根据他的有意义接受学习理论发展而来的，认知结构就是学生头脑内的知识结构。认知结构变量就是学生需要应用他原有知识来同化新知识时，他原有认知结构的内容方面的特征和组织方面的特征。奥苏伯尔提出了影响新知识学习与保持的三个认知结构变量，通过操纵与改变这三个认知结构变量可以进行新的学习与迁移。

（2）认知结构迁移理论对高校英语分级教学的启示。奥苏伯尔的认知迁移理论从心理学角度为我国高校英语分级教学提供了理论依据。学生对原有知识的理解、巩固程度越高，越能使认知结构具有系统、清晰和稳定的特点，这有利于学习的正迁移。因此，把对原有知识掌握水平相当的学生安排在一起组织教学，合理安排适合学生学习能力的教学内容，能够促进学习的正迁移，使学生的学习顺利进行，取得更好的教学效果。

3.布鲁姆的掌握学习理论

许多学生在学习中未能取得优异成绩，其原因不是学生智慧欠缺，而是由于没有设施完备的教学条件和合理的帮助。如果提供适当、合理的学习条件，绝大部分学生在学习速度、学习能力、学习动机等方面都会变得十分积极。实施分级教学可以确保教师采用多样化、个性化的教学手段，最大限度地挖掘学生的潜能。

（二）分级教学模式的原则

1.循序渐进原则

循序渐进原则是由宋朝朱熹总结提出的，在《晦庵先生朱文公集·读书之要》中记载了他的读书方法在于"循序而渐进，熟读而精思……未得乎前则不敢求其后，未通乎此则不敢志乎彼"。循序渐进的原则是指教师在传授各门学科的基础知识时，既要按照各门学科知识体系的内在规律和顺序进行系统的教学，又要采取相应年龄阶段的学生能够接受的形式进行教学。分级教学使教师得以在学生英语知识体系的基础上进行教学，采取适合他们的教学方法。教师的教学方法运用得当，才能使学生在学习上循序渐进，逐步提高其语言知识和技能水平。

2.因材施教原则

因材施教原则是指教师要从学生的实际出发，有的放矢地进行教育。孔子是因材施教的首创者，他在《论语》中指出弟子的不同性格："柴也愚，参也鲁，师也辟，由也喭。"并在具体教学中因材而教之。由于教育、环境、学生自身的经历等方面的不同，学生之间必然存在差异性，因此教师在教学的时候必须充分考虑这种差异性，一定要具体情况具体分析。随着大学教育的普及，越来越多的学生有机会进入高等院校继续学习，学生的英语水平参差不齐。而分级教学从学生的实际情况出发，承认个体差异，为每个学生的充分发展提供了条件。

（三）分级教学模式的实施

分级教学模式的实施，可以从以下几方面着手。

1. 合理、科学地分级

分级教学是按照不同的级别制定不同的教学目标，不要求所有的学生达到同一目标。因此，级别设置的科学与否，是分级教学能否实现预期教学效果的前提。为了做到统一考核分级的科学性，需要设置科学的分级试题和分级标准。分级标准应采取个人意愿与统一考核分级相结合、实际水平与考试结果相结合的原则。另外，为了调动学生的积极性，将学生分为A、B级两级班比较合理。利用周末的时间给B级班中基础较差的学生补课，可以缓解基础差的学生的心理压力，不少B级班学生中的差生增强了学好英语的信心，取得了长足的进步，到了期末能和A级班的学生在同一起跑线上竞争。

2. 提高分级的区分度

很多高校分级分数线的设定都根据高考成绩和摸底考试的分数来分级，但每次分级后，有些学生往往因为一分之差没有进入A级班，这一分的差距的确难以说明英语水平的高低。因此，为了提高区分度，可以让学生自己参与分级，实行双向选择。具体方法是依然参考高考和摸底测试的成绩，同时公布各个级别的学习要求和最终目标，学生可以根据自己的学习兴趣申请对应级别，由学校最终审定。学生最清楚自己的英语水平和学习兴趣，由被动选班变为自主择级，可以在很大程度上增强他们学习英语的积极性和自觉性。

3. 贯彻好升降级调整机制

升降级调整机制是指根据选拔和自愿的原则，在一定范围内定期调整学生的级别，使学生的级别随学习的兴趣、成绩以及能力的变化而变化。落后者降档，能给予其适当的压力；进步者升级，能给予其一定的激励，有助于提高学生学习的积极性和主动性。

（四）分级教学模式的优点

分级教学是我国高校英语教学改革的一项重大举措，其施行的优点有如下几个方面。

第一，有利于贯彻落实高校英语课程教学基本要求，培养学生使用英语进行交际的能力，使他们在涉外交际的日常活动中能进行简单的口头和书面的信息交流，以满足我国经济发展和国际交流的需要。

第二，能够满足不同层次英语水平学生的求知需要，为他们搭建更好的展示自己英语才华的平台，充分发挥他们各自的优势，促进他们顺利完成高校英语基础阶段的学习，全面提高他们的英语运用能力。

第三，分级教学从根本上改变了重"教"轻"学"的现象，充分体现了以学生为本的教学新理念，使高校英语教学从耗时低效进入省时高效的新时期，标志着我国高校英语教学从传统的教学模式向现代教学模式的转变。

三、探究式教学模式

（一）探究式教学模式的内涵

探究式教学模式是以探究为基本特征的一种教学活动形式，它包含两层意思：第一层是什么是探究；第二层是什么是探究式教学。探究是指求索知识或信息，是求真的活动，是搜寻、研究、调查、检验的活动，是提问和质疑的活动。探究，就其本意来说，是探讨和研究。探讨就是探求学问、探求真理和探求本源；研究就是研讨问题、追根求源和多方寻求答案，解决疑问。

探究式教学，又称发现法、研究法，是指学生在学习概念和原理时，教师只是给他们一些事例和问题，让学生自己通过阅读、观察、实验、思考、讨论等途径去独立探究，自行发现并掌握相应的原理和结论的一种方法。它的指导思想是在教师的指导下，以学生为主体，让学生自觉地、主动地探索，掌握认识和解决问题的方法和步骤，研究客观事物的属性，发现事物发展的起因和事物内部的联系，从中找出规律，形成自己的概念。可见，在探究式教学的过程中，学生的主体地位、自主能力都得到了加强。

探究式教学模式要求教师用理论去指导实践，在实践的基础上再总结出新的理论，推动教学不断向前发展。探究式教学模式具体是指教师引导学生对相关学习内容进行深入探讨，或对有关问题进行多方面的研究，以寻找答案、解决问题。它的实施可以让学生以自主、能动的方式在学习过程中掌握知识、获得能力、习得科学的方法，养成科学的态度和科学精神。

（二）探究式教学模式的特征

1. 注重从学生的已有经验出发

认知理论的研究表明，学生的学习不是从空白开始的，已有的经验会影响他们现在的学习。所以，教学只有从学生已有的知识和经验出发，才能激发学生学习的积极性和主观能动性。否则，就很难达到预期的教学目标。

2. 培养学生的探究能力

探究式教学模式不是教师把结论直接告诉学生，再通过演示实验或学生实验加以验证，而是让学生通过各式各样的探究活动，如观察、调查、制作、收集资料等，亲自得出结论，使他们参与并体验知识的获取过程，建构起对新事物的新认识，培养其科学探究的能力。这种通过多样、复杂的活动情境来获得知识的教学方法，可以使学生从多角度深入地理解知识，建立知识间的联系，他们在面对实际问题时，能更容易地激活相关知识，灵活地运用知识解决问题。这样一来，学生的学习是积极主动的，能真正激发学生学习的内在动机。

3. 重视过程和结果

一方面,探究式教学模式要求学生在教师的指导下,对事物和现象主动地去探究,经过探究过程来理解知识的内在联系,从而达到灵活掌握和运用知识的目的;另外一方面,探究式教学模式需要教师把知识和科学方法有机结合,在学生掌握知识的基础上,让他们通过观察、调查、假设、实验等多种形式的探究活动,经历收集信息和分析信息的过程,从而获得自己的探究结果或制作出自己的作品,培养学生的科学精神。

4. 重视知识的运用

探究式教学模式的一个基本特点就是学以致用,发展学生运用知识解决实际问题的能力。探究式教学模式能综合提取知识,善于跨学科解决复杂的、综合的以及涉及知识面广的问题。在掌握知识、运用知识、解决问题的学习活动中,探究式教学模式能使学生更接近生活实际和社会实际,有利于培养学生的实践能力。

5. 重视形成性评价和学生的自我评价

探究式教学模式的评价要求较高,如它要求评价每一名学生是否理解了相关概念,能否灵活地运用知识解决问题,是否能提出问题,是否能设计并实施探究计划,是否能分析处理所搜集的数据和证据等。单靠终结性评价是难以奏效的。探究式教学模式在重视并改进终结性评价的同时,很重视对学生的形成性评价,如学生每天的笔记、撰写的报告、绘制的图表,以及与学生面对面的交流、学生针对某一问题所做出的解释等,教师可以通过这些了解学生对知识理解的深度和广度,还可以评估学生进行科学推理的能力。

重视学生对自己学习过程的评价也是探究式教学模式评价的另一个特点。学生不断地对自己的探究学习进行评价,如检查采用的方法是否合适、解释是否得当、对知识的理解程度如何等,可以提高学习效率,有利于学习目标的达成。

6. 重视师生互动

探究式教学模式的出发点是发挥学生的主观能动性和创造力，以学生为中心，让学生自己去探究，自己去历练，积极地参与各种活动，从而获得知识。但学生的自主与教师的指导并不是非此即彼的关系，教师是在尊重学生选择的基础上进行指导，而学生则是在教师的指导下进行自主的探究，两者是一种互动和相互促进的关系。

（三）探究式教学模式的意义

1. 符合教学改革的实际

教学改革就是不断探究新的教学途径和教学方法。目前，我国教学改革的宗旨主要有三点：一是打破传统教学束缚；二是遵循现代化教育以人为本的观念，给学生发展留出最大的空间；三是根据教材提供的基本知识，把培养学生的创新精神和实践能力作为教学的重点。只要能做到这三点，改革就能取得实效。

2. 能使班级教学更具活力和效力

实施探究式教学模式，一是要最大限度减少教师的讲授；二是要最大限度满足学生自主发展的需要；三是要尽可能做到让学生在活动中学习，在主动中发展，在合作中成长，在探究中创新。实施探究式教学模式，能使班级教学更具活力和效力。

3. 以学生为主体

教师要以学生为主体，在实践探究中学习，总结自己的经验，学习别人的经验，包括向学生学习。在探究式教学模式中，教师的角色会有一个大的转变——由过去的"台前"，转变为现在的"幕后"，做一个"导演"，安排好适当的场景，引发学生的学习动机，使学生从观众变成实际的参与者。

(四)探究式教学模式的类型

1. 自主探究

自主探究教学就是引导学生自主学习以促使学生自觉地投入到学习中去，独立思考，主动建构知识的教学模式。

（1）自主探究教学的主要特征。

①教师是教学的主体而学生是学习的主体，教师和学生同为主体，形成了主体性和民主性的师生关系。

②注重教学过程的开放性和研发性，关注教学过程中学生主体意识的发挥，关注学生的创造力和创新意识，重视教师对学生的引导、启发，注重学生自主、能动地进行探究和发现。

③注重学生的参与性并提倡适度合作探究。

④追求问题设计的合理性和教学的有效性，提倡教学的多维互动性以及教学方式的多样性。

（2）自主探究教学的操作思路。

①要求教师做到明确学习目标，明确预习的价值、提纲及预习方法，要求教学具有整体性、生活性、开放性。

②探究包括个人独探、同伴互探、小组齐探、全班共探等方式，教师要着重考虑如何监管学生活动、如何分组、如何指导学生。

③教师通过分层运用、内外运用、反馈等方式，指导学生实现应用迁移。

④教师要注重发挥学生的主体性和促进全体参与，给学生自主探究的权利，教学过程主要靠学生自己完成。

⑤教师是学生学习的促进者、参与者、指导者，要与学生共同学习、共同探讨。

（3）自主探究教学中问题的解决方法。教师一定要根据教学需要，根据学生的实际情况进行适时引导；教师应该充分相信学生，引导学生主动参与，激励学生发挥主观能动作用，最大限度调动学生自主探究学习的积极性和主动性；教师要关注探究内容的适度性、可操作性和趣味性；教师应在课前下发导学学案，让学生据此进行预习、寻找资料；教师还要更新观念，给予学生更多的自由支配时间；最后教师要及时介入学生的探究活动，成为他们中的一员，并对学生课后的探究做必要的指导。

2.合作探究教学

合作探究教学是指在教师的指导下，根据学生不同层次，每组4到6人混合编成小组，在一种积极互助的情境中，为达成共同的目标，分工合作，相互帮助，彼此指导，并以集体的成功为评价依据，最终促进个人发展的教学模式。

（1）合作探究教学的基本要素。

①要让学生知道他们不仅要为自己的学习负责，而且要为其所在小组的其他成员的学习负责，在探究过程中积极互助。

②小组中的每个成员都必须承担个人责任，尽职做好自己的工作。

③混合编组要尽量保证一个小组内的学生各具特色，能取长补短。

④学生的社交技能水平既是合作探究的结果又是合作探究的前提。

⑤小组自评或团体反思能促进小组不断发展和进步。

（2）合作探究教学的操作思路。

①合作设计要合理，应以合作、互动为特点。

②提前设定目标，为评价提供依据。

③通过自学、小组互助，促进集体成果的积累。

④自评与他评相结合。

（3）合作探究教学的注意事项。教师提出的问题要紧扣课堂讲授的重点、难点，问题要有启发性，并能充分调动学生合作学习的兴趣；教师要引导学生对答案进行总结，使讨论的答案得到统一；教师要特别注意对学生的心理进行辅导，让他们树立信心，同时提供有层次性的问题，使后进生也能胜任，促进整体的进步，形成让优秀生主动帮扶后进生的氛围。在合作探究教学的评价中，教师要对不同发展水平的学生有不同的要求，应关注每一位学生，特别是后进生。

3. 情境探究

情境探究教学是指在教学过程中，教师有目的地引入或创设具有一定情绪色彩的、以形象为主体的生动具体的场景，以引起学生一定的情感体验，从而帮助学生理解文本，并使学生的心理机能得到发展的探究教学模式。

（1）情境探究教学的基本原则。

①意识统一和智力统一原则。要求教学中既要考虑如何使学生集中思维、培养其刻苦钻研的精神，又要考虑如何发挥情感、兴趣、愿望、动机、潜能等的促进作用。

②轻松愉快的原则。要求在轻松愉快的情境或气氛中引导学生提出各种问题，并展开自己的思维和想象，寻求答案，分辨正误。

③自主性原则。强调良好的师生关系和学生在教学中的主体地位。

（2）情境探究教学的操作思路。

①借助实验创设情境，帮助学生将当前学习的知识与自己已经知道的事物相联系，建构起知识的系统。

②借助新旧知识的关系、矛盾，创设情境，让学生产生学习的兴趣，从而形成积极的认知氛围和情感氛围。

③借助生活实例创设情境，让学生有真切的感受，以便引起学生的探究兴趣，激发其求知的欲望。

④运用实物、图画、表演、语言、故事等展现和创设情境。

（3）情境探究教学中的注意事项。教师必须熟练驾驭教材，准确把握学生心理特点、智力水平，熟悉他们的内心世界，能够针对学生的特点恰当地选择和运用科学手段、方法，以便结合教材创设情境。

四、参与式教学模式

(一) 对参与的理解

参与即参加,是对事物的发生、发展起着一定的推动作用。参与是一种思想理念,强调所有关人员对相关事情的决策、规划、实施、监测、评估等活动的介入;参与是一种实践性的活动,既强调活动过程中参与者的在场,也强调参与者共同生成活动的结果。参与是一个不断发展、演化的过程,在这个过程中,参与者要明白自己是参与的一分子,而非局外人,明白自己参与的目的是通过参与,使自己的自信和自主性都得到提高。参与是参与者的一种投入状态,从个体的角度看,参与指个体在认识活动中认知和情感方面的投入、个体与其他个体间的互动、个体与群体之间的相互影响的方式和程度等。从群体的角度看,参与指的是所有参与者的总体投入状况,包括他们形成的小组类型、小组内不同角色的分工、小组的竞争与合作机制、小组的发展阶段和特点等。

(二) 参与式教学模式的含义

参与式教学是指在自由、民主、平等的教学氛围中,教师采用灵活多样的教学手段和教学方法,以学生为中心而学生也自愿地、主动地、积极地介入教学的各个环节,与教师共同推进教学的一种教学模式。与以教师、教材为中心,黑板、粉笔为媒介的传统教学模式相比,参与式教学努力创设一种能使学生真正成为教学的中心、学习的主体的教学氛围。主体参与可以活跃课堂气氛,满足学生的表现欲、发展欲,这是教学的生命线。通过主体参与,学生将会有选择教学内容的机会,能够对教学进度提出建议、与教师一道设计教学方法、积极参与并对教学过程进行适当调控以及对教学结果进行评价等,使学生真正发挥自己的主观能动性。

（三）参与式教学模式的特点

1. 全体性

参与式教学模式强调全体师生的参与。参与教学是全体教师、全体学生的参与。而每个学生，无论成绩好坏，都应该是积极参与的主体，都不应该被忽略，教师对待他们不得有别。每个学生都有平等的参与机会，都有发表自己观点的权利。同时，教师的参与不是指某一位教师唱独角戏，而是要同一年级、同一学科的教师加强交流、在交流中就教学经验方面互相取长补短，了解学生情况。

2. 全面性

参与式教学模式强调师生在各个教学环节的全方位的参与。教学是一个过程，有很多环节。学生参与教学，就要参与教学的各个环节，具体包括以下三个环节：在课前（课前参与），学生与教师共同进行教学设计，如设计教学内容、教学目的、教学重难点、教学方法以及教学的具体步骤；在课中（课中参与），学生以提问、讨论、回答等形式介入教学；在课后（课后参与），学生通过查阅资料、完成作业、继续讨论存在的问题、参与实践或实训等方式，与教师和同学交流。在整个过程中，学生可以向教师、学校领导等提出教学建议，对教学实施干预。

3. 开放性

参与式教学模式强调教学方法、教学内容、教学媒体、教学评价的开放性。教学要想有效果、出成绩，就必须有方法，但这些方法没有统一、固定的模式。哪怕对相同的学生，不同的教师也可能采取不同的方法，学生可以根据自己的兴趣、爱好和需要选择适合自己的学习方法。在教学开始前，学生和教师共同参与教学设计，学生能根据自己的实际情况确定学习方法；教学过程中，学生积极与教师互动，参与课堂教学的各个环节；课后学习中，除了完成教师布置的作业，学生也可选择自己感兴趣的内容做进一步的学习和研究。在参与式教学中，教师以教材内容为依托，但不局限于教材。学生通过参与，把自己的个体经验与教师传授的知识以及来自其他渠道的知识结合起来。参与式教学中采用的是现代教育技术，教师可以利用多媒体进行备课和上课，学生也可以用多媒体进行学习，将自身存在的问题和教学建议及时反馈给教师。在参与式教学中，评价主体不只有教师，还有学生和社会等，评价是公开、公平、客观的形成性评价。

4.合作性

参与式教学模式强调师生之间的合作关系。师生参与教学的过程就是他们之间平等合作的过程，教师和学生一起发现问题、提出问题、分析问题和解决问题。在合作过程中，进行思想的交流并形成多元化的智慧。

5.生成性

参与式教学模式强调学生自主地建构自己的知识体系。在参与式教学模式中，学生通过主动参与教学，吸收和理解来自课内、课外的知识，主动构建、生成自己的知识体系。也就是说，这种生成是动态的生成。

6.宽容性

参与式教学模式强调师生应该具有宽容心。在参与式教学模式中，一定程度上允许学生自由地表达个人的见解，发表不同的意见，甚至对学生的反对意见和错误的言行也会给予包容，这有利于教学的进一步开展。

（四）参与式教学模式的具体方法

1.提问法

提问法是参与式教学模式中使用得最多、最频繁的方法。基本程序有以下几点。

首先，检查学生对所学知识的掌握程度，了解他们是否跟上了进度。

其次，检测学生目前的学习状态，看他们是否保持强烈的学习兴趣和学习热情。

再次，引导学生自己思考和寻找答案。

最后，通过提问，起到承前启后的作用，帮助学生开始下一轮讨论或学习。

提问的作用很明显，但一旦使用不当，可能使学生觉得是在盘问，不利于教师和学生间的平等交流。为了避免此种情况的发生，教师要注意以下几点。

第一，不能提刁难学生的问题。

第二，只提与学习目的和内容有关的问题。

第三，只提学生力所能及的问题，尽管有时有一定难度。

为了提高学生回答问题的质量，教师提的问题要有质量，避免一些不合适的问题。高质量的问题包括：开放式问题、追问问题、确认理解问题。

而不合适的、低质量的问题有：封闭式问题、给予回答者明显暗示的引导式问题、回答者只能回答某部分的多重式问题以及过难或过于简单的问题。

另外，教师需要为学生创设安全、轻松的环境氛围。

2. 头脑风暴法

头脑风暴，最早是精神病理学上的术语，指精神病患者的精神错乱状态，现在比喻思维高度活跃，产生无限制的自由联想和讨论，由此产生新观念或激发创新设想。头脑风暴法的特点是让参与者根据特定的议题，敞开思想，自由地、快速地说出自己的想法，使各种设想在相互碰撞中激起脑海中的创造性风暴。

（1）基本环节。

①明确议题。让参与者明白要讨论的问题是什么，最好把问题写在黑板上或展示纸上。

②资料准备。为了使头脑风暴的效率更高，效果更好，可在讨论前做一点准备工作，如收集一些资料预先给大家参考，以便了解与议题有

关的背景材料。

③确定人选。一般以 8～10 人为宜，也可略有增减（6～8 人），人数太少不利于激发思维。而人数太多则不容易掌握。

④明确分工。要推定 1 名主持人，重申讨论的议题和纪律，在讨论进程中启发引导，掌握进程。还要推定 1 名记录员，将参与者的所有设想进行简要记录。

⑤规定纪律。根据头脑风暴法的原则，规定几条纪律，要求参与者遵守。

⑥掌握时间。讨论时间由主持人掌握，不宜在讨论前定死，一般来说，以 40 分钟为宜。

（2）基本原则。

①自由畅谈。参加者从不同角度、不同层次、不同方位，大胆地展开想象，尽可能地提出独创性的想法。

②延迟评判。头脑风暴，必须坚持不能当场否定某个设想，也不能对某个设想发表评论性的意见。一切评价和判断都要延迟到讨论结束以后才能进行。

③禁止批评。绝对禁止批评是头脑风暴法应该遵循的一个重要原则。参加头脑风暴讨论的每个人都不得对别人的设想提出批评意见，因为批评对创造性思维会产生抑制作用。

④追求数量。头脑风暴会议的目标是获得尽可能多的设想，追求数量是它的首要任务。

3. 角色扮演法

角色扮演法以身体动作为媒介，根据学习的要求和自己的理解扮演现实生活中的某个角色，将该角色的个性特征和在某些事件和关系中的行为方式更为突出地表现出来。英语教学中角色扮演的主要目的是使参与者从不同的角度体验相对真实的语言情境，产生对英语更新、更高层次的认识和体验。

角色扮演法能使参与者将在语言学习中获得的知识与技能综合运用于一个具体的问题情境。通过参与真实的、可感知的模拟练习，参与者整合和运用新知识和技能的能力以及处理复杂问题的能力均会得到提高。

角色扮演的一般步骤如下。

第一步：教师提出现实生活情境，明确角色扮演的大致要求，参与者可做适当修改。

第二步：参与者快速分组，确定具体扮演的主题和角色，然后进行排练。

第三步：教师对参与者提出观察任务，包括观察的内容、角度、方法等。

第四步：各小组进行角色扮演，其他参与者观察并作记录。

第五步：全体参与者对各个小组的表现进行评议，对有关问题进行讨论。

第六步：教师协助参与者进行总结。将角色扮演中的问题情境与现实结合，探究行为的一般规则和问题解决的一般方法。

第三节 高校英语教学模式改革研究

一、高校英语教学模式改革方向

（一）确立新型英语教学模式

为了适应国家和社会发展需要，高校需要创新人才培养模式，创新教育教学方法，倡导启发式、探究式、讨论式、参与式教学，激发学生好奇心，发挥学生主动精神，培养学生的创造性思维，改变灌输式的教育方法。新的教学模式应以现代信息技术，特别是网络技术为支撑，使英语的"教"与"学"可以在一定程度上不受时间和空间的限制，朝着个性化和自主学习的方向发展，改进以教师讲授为主的单一教学模式。这种新的教学模式应体现英语教学的实用性、知识性和趣味性相结合的原则，有利于调动教师和学生的积极性，尤其要体现学生在教学过程中的主体地位和教师在教学过程中的主导作用。在充分利用现代信息技术的同时，要合理继承传统教学模式中的优秀部分，发挥传统课堂教学的优势。

由于计算机、多媒体和互联网的普及，可获得的教学资源越来越丰富，现代信息技术在教育教学领域的重要性日益为人们所认识。建构主义学习理论主张以学生为中心，强调学生是信息加工的主体，是知识意义的主动建构者；认为知识不是由教师灌输的，而是由学生在一定的情境下通过协作、讨论、交流、互助等学习方式，借助必要的信息资源主动建构的。在建构主义学习环境下，探索式、发现式、合作式等学习方式是学生掌握学科内容的基本途径，也是以学生为中心的教学模式中的基本教学形式。由此可见，信息技术与课程整合是确立新型英语教学模式的一条有效途径，也是目前国际上高校英语教学模式改革的趋势与走向。

（二）重视英语教材体系的研究和开发

教材是实现英语课程教学目标的重要材料和手段。教材为学生提供的语言材料是学生学习语言知识和发展语言技能的重要来源，教材中的语言实践活动和练习是学习语言知识和发展语言技能的重要手段和途径。选择和使用合适的教材是完成教学内容和实现教学目标的前提条件，高水平、高质量的教材对教师、学生、教学过程和教学结果都起着积极的作用。

目前，随着高校英语教学改革的深入推进，英语教材体系也发生了翻天覆地的变化。英语教材在内容和形式上更新颖、更先进，丰富多样的教材在推动高校英语课程改革方面发挥了重要作用。与此同时，英语教育界的学者和一线教师对教材的认识也发生了显著的变化。在高校英语改革的过程中，对教材研究重视和感兴趣的学者和教师越来越多。很多高校还通过与相关出版社合作的形式，共同完成对新教材的编写和出版工作。

为了把握机遇、应对挑战，各大高校应该积极开展有关英语教材的编写、使用、评价等方面的理论和实践研究，挖掘自身潜力，为将来能够在英语教材的编写、使用的过程中发挥应有的作用而创造条件。

（三）重视高校英语师资队伍的建设

教师是教学模式改革成败的关键因素。优秀的英语教师是培养优秀英语人才的根本条件。只要有了好的教师，课程就可以改革，教法就可以调整，学生就可以快速进步。没有合格的教师，先进的教学理念就无法在执行中有效落实。教师在教学中的重要作用，是由教学的本质决定的。目前，在高校英语教学模式改革的过程中，各大高校日益重视对英语师资队伍的建设。在聘任制环境下，各高校更加重视教师的专业功底，而不仅仅关注其教学能力和教学技能；同时，重视考查教师的研究能力和团队合作精神，这有利于组建一支教学与科研能力俱佳的师资队伍。在教师管理方面，高校应更加重视对教师教学与科研条件的保障工作和目标验收工作，注重教师培训和学术交流，不断扩大教师的学术视野，使其紧紧跟随学科发展前沿。此外，高校还应积极鼓励教师申请研究课题，加入由科研骨干牵头的、高水平的研究团队，帮助教师进入专业的学术研究领域。

（四）凸显高校英语教学的个性化和特色化

在高校英语教学模式改革过程中，很多高校在注重保持原来的高校英语教学优良传统的同时，也在努力进行大胆的探索与革新，敢于形成新的特色与优势，以培养新型的既精通专业又能熟练运用英语的复合型国际人才。很多高校明确提出，高校英语教学要朝着个性化和特色化的方向发展，这是和各个高校各不相同的高等教育人才培养目标紧密相关的。此外，我国不少实力较强的综合类大学也逐渐形成了具有自身特色的培养模式。这类大学在明确学校人才培养目标的前提下，根据学校特点制定出相应的高校英语培养目标，然后进行一系列相关的配套改革。例如，复旦大学、清华大学、中国政法大学等高校根据自身研究型大学的定位，确定其高校英语教学课程的主要内容是学术英语，因此将增强国际学术交流能力作为高校英语教学课程的重要目标，并通过分级教学实现不同层次学生英语能力的提升。当前的高校英语教学状况处在一个改革和变化的时期，这个时期各高校的高校英语教学模式逐渐开始分化和分流，很多高校的高校英语教学模式逐渐形成了鲜明的特色与个性。

二、高校英语教学模式改革可选择策略

我国高校英语教学模式改革是为了适应新时代的发展需求，提高英语教学的质量和效率，促进学生综合素质和英语水平的全面提高。改革的主要方向是从传统的教师主导型教学向以学生为中心的互动式、探究式、创新式的教学模式转变。可选择的改革策略如下。

采用差异化教学方式。针对不同层次、不同需求的学生制定差异化的教学计划。例如，对英语能力较差的学生，可以设置针对性强的听力、口语训练课程；对英语能力较强的学生，可以设置专业性强、难度更大的课程。

引入现代化教学设备。引入英语教学辅助软件、多媒体教室等现代化教学设备，采用线上线下相结合的教学方式，让学生在课堂内外都能学到知识。

以学生为中心，提高学生的参与度。重视学生的主体地位，采用以学生为中心的教学方式，鼓励学生积极参与课堂教学。例如，组织学生进行小组讨论、演讲比赛等活动，让学生在互动中提高语言表达能力。

注重文化交流和跨文化交际能力的培养。例如，加强中外文化比较教学，组织学生进行英语角、文化节等活动，让学生了解不同国家、不

同文化背景下的交际规范和文化差异。

培养教师的教育教学能力。注重教师队伍建设,提高教师的教学水平和教育教学能力。例如,加强对教师的培训和考核,鼓励教师参与教学研究和教育教学改革,提高教师的教育教学能力和创新能力。

推广数字化教育。建设数字化教学资源库,推广慕课等线上课程,提供丰富的教学资源,方便学生随时随地获取学习资料。

建立多元化的教学评价体系。建立多元化的教学评价机制,推动教学质量的持续提高。例如,建立学生评价、教师互评等多元化的评价方式,形成相互促进、共同提高的良好评价体系。

推行教育国际化,促进国际交流和合作。例如,建立国际化教育合作机制,推广中外联合办学、学生交流项目等,培养学生的国际视野和跨文化交际能力。

加强教学质量监控。建立教学质量管理体系,确保教学质量的持续提高。例如,建立教学质量监测机制,定期对教学质量进行评估和监控,及时发现问题和不足,制定改进措施,提高教学质量。

以上是我国高校英语教学模式改革可选择的一些策略,这些策略的实施可以有效提高英语教学的质量和效率,推动学生的综合素质和英语水平的全面提高。

第三章 高校英语课堂教学的具体分析

第一节 英语词汇和语法教学

一、英语词汇教学

词汇是语言学习的基础，学生对英语词汇的掌握在很大程度上体现其英语学习水平的高低，词汇教学作为我国英语教学的重要组成部分，自然也受到了诸多关注。

（一）英语词汇教学的目标与内容

1. 英语词汇教学的目标

《大学英语课程教学要求》在推荐词汇量方面，对高校学生提出了三个层次的英语能力要求。

（1）一般要求。学生掌握的词汇量应达到约4780个单词和700个词组（含中学应掌握的词汇），其中2000个单词为积极词汇。积极词汇即要求学生能够在认知的基础上在口头和书面表达两个方面熟练运用的词汇。

（2）较高要求。学生掌握的词汇量应达到约6380个单词和1200个词组（包括中学和一般要求应该掌握的词汇），其中2200个单词（包括一般要求应该掌握的积极词汇）为积极词汇。

（3）更高要求。学生掌握的词汇量应达到约7670个单词和1870个词组（包括中学、一般要求和较高要求应该掌握的词汇，但不包括专业词汇），其中2360个单词为积极词汇（包括一般要求和较高要求应该掌握的积极词汇）。

2.英语词汇教学的内容

一般来说，英语词汇教学的内容主要包括以下四个方面。

（1）词汇意义。由于汉语语英语之间存在较大的差别，从语义角度上看，一些词汇的含义就其内涵、外延而言在两种语言中有着不同之处。英语词汇教学的首要任务就是让学生知道所学单词的意思。

一个单词的意义往往离不开语境，特别是在课文中，是受上下文制约的。在教学中，教师应通过各种手段使学生了解语义和语境之间的关系。例如，makeup、makeadifference、makeaface、makeapromise、makeoff 都是由 make 构成的词组，通过和不同的单词搭配，在不同的语境中使用，产生了不同的含义。所以，教师应该有意识地引导学生，不要让学生以为一个单词只有固定的含义，否则一旦发生变化，学生就会感到疑惑不解。

一些语义上有差异的单词对学生来说会感觉很迷惑，对这些概念的澄清也是英语词汇教学的任务之一。例如，汉语的"战斗"可以用英文 fight、battle、struggle、war、campaign、combat 等表示，这些表示相近概念的不同词汇对学生来说是较难理解的，教师在教学过程中要注意同义词、近义词的辨析，及时为学生答疑解惑。

（2）词汇使用场合。词汇使用场合一般有搭配、习语、短语、语域、风格等，不同的词汇用于不同的场合中。例如，我们常用 hot 形容热，这是书面语中的用法，将其放在口语中，意思就完全不一样了，"That is a hot guy."中的 hot 是形容一个人身材或是长相很吸引人。

（3）词汇信息。词汇信息主要包括词类，词的前缀、后缀，词的发音和拼写等，这些都是词汇最基本的信息，也是学生应该掌握的最基本的词汇内容。例如，常见的前缀有 de-、dis-、en- 等，常用的后缀

有 –able、–city、–ing 等。

（4）词汇用法。词汇用法就是各类词的不同用法，如名词的可数和不可数，动词的及物和不及物，及物动词应接什么样的宾语，不定式还是动名词，能否接从句，能否接复合宾语等。例如，只能接动名词而不能接不定式的词有 allow、permit、consider、suggest 等。

（二）英语词汇教学应遵循的原则

1.情境性原则

在实际的语言交际中，人们表达思想一般都是以句子为单位的，单词只是句子的组成部分。因此，词汇的教学不应该是孤立的，要与句子、语段结合起来，还要设置情境，借助情境来进行词汇教学。只有将词汇教学融入一定的情境中，学生才能更好地理解语言材料中的词义，掌握词的用法。此外，词汇的许多语音特征、变化规律以及不同意义的展示也只有在具体情境中才能综合地体现出来。在情境中教单词，不但可以帮助学生理解词义，加强记忆，而且有助于学生在交际中把所学单词恰当地使用出来。因此，教师要根据教材内容，想尽办法创设语言环境，使学生置身于一定的语言情境之中，从而使学生能够处在较为真实的情境中进行语言练习。

2.直观性原则

在英语教材尤其是基础教育的英语教材中，大部分词汇都是活用词汇。具体地说，是一些常见常用的词汇，或者说都是可以与直接观察到的事物相联系的名词、动词、形容词和人称代词。例如，表示事物外在特征的 big、small、tall、short、thin、fat 等；表示周围事物的 window、door 等；表示颜色的 blue、green 等；表示常见动作的 walk、sit、stand up 等；表示人称的 I、you、he、she、their、our 等；表示人对事物评价的 good、excellent 等；表示人的感觉的 cold、hot、cool 等。这些词语在教材中多是生动活泼的口语，有很多形象直观的插图。所以，在词汇教学中我们可以设计各种各样的语言环境，把枯燥的词汇用直观的形式展现出来。这种直观的教学形式可以带领学生置身具体的情境之中，集中学生的注意力，激发学生的英语学习兴趣和积极性，有助于学生理解所学词汇的含义，进而促使学生将所学英语与客观事物联系起来。

在英语词汇教学中，教师可以借助多种手段将词汇教学直观化，具体可分为以下三种。

（1）实物直观。教师利用教室的环境就地取材，或提前准备物品直观呈现语言项目。

（2）形象直观。教师运用模型、图片、卡片、简笔画、电教设备等模拟实物的形象来呈现语言项目。

（3）言语、动作直观。教师运用听、说、唱、做、演、画等方式，通过生动的语言、良好的表情、形象化的动作吸引学生注意力，使学生较快地理解单词，识记语言项目。

以上直观教具的运用，可以充分调动学生多种感官的参与，使他们在看得见、听得到、摸得着的教学过程中习得英语词汇，发展思维，培养能力，刺激记忆。

3. 文化性原则

语言是文化的载体，词汇结构、词义结构和搭配都与该语言的文化相关联。在不同的语言中，词语的意义完全相同的情况很少。即使两个词语在某一义项上表述相同，在其他义项上他们也会有所不同。例如，green 在英语中表示嫉妒，在汉语中主要是绿色的含义，一般表示自然。词汇教学能够引导学生由意义到文化，由文化到思维，可以引导学生掌握词义演变的规律，从而全面掌握词汇的意义，进而有效地进行跨文化交际。因此，词汇教学不能只停留在词汇的字面意义上，还要引申到文化方面，包括特殊文化背景、一般文化背景和相通文化背景等。

（1）特殊文化背景。例如，Indian（印度人，印第安人）；China（中国）；china（瓷器）等。

（2）一般文化背景。例如，see（看见，明白）; letter（字母，信）; paper（纸，文件）等。

（3）相通文化背景。例如，fish（鱼，钓鱼）; head（头，负责人）等。

（三）英语词汇教学方法

1. 直观演示法

直观演示法指利用实物、图像、动作表情等方式来展示词汇的意义，给学生以直观的印象。通过形象、声音、动作等方式激活学生对新词汇的感官印象，可以促进学生对词汇的认识和记忆。教师可以直接利用实物，如与学校教室、文具有关的词汇。还可通过图片、简笔画等方法呈现单词，如水果、建筑物、天气词汇。还可将与词汇有关的声音信息播放出来，如动物词汇。还可通过肢体语言展示动作，并带动学生模仿动作，这也是全身反应法所倡导的英语学习方法，如动作词汇。还可以用歌曲和童谣呈现新词汇，歌曲童谣节奏明快，朗朗上口，词汇复现率高，便于记忆。

2. 口头解释法

口头解释法包含两种技巧，一是将目标词汇翻译成学习者的母语进行释义，二是用英语解释目标词汇。我们先来看翻译法。在各种教学流派的讨论中，母语的使用一直是个广受关注的问题。尤其是在交际理念盛行的今天，教师在课堂上使用翻译的方法时，常常会感到惶恐不安，担心阻碍了学生的外语习得。事实上，翻译可以成为释义的有效方法，适当地使用翻译可以节省时间，有效地帮助学生理解低频词的意思（这些词复现率低，学生少有机会巩固）。当然，在使用翻译法时，要注意两点：一是要意识到英汉语词汇的文化差异，很多词表面上看起来意思一样，但有着不同的文化内涵；二是要提醒学习者不可过分依赖母语翻译，否则不利于建构外语习得的知识结构。

另外一种口头解释法，是指用英语来解释目标词汇。通过分析新词汇的语义成分，用完整的、简短的句子进行表达，以帮助学生理解词义，同时也增加了学生听力理解的机会。

在词汇巩固阶段，将这种方法翻转过来，还很适合设计成猜词游戏。选一名学生背对黑板，然后老师在黑板上写一个词，其他同学说句子进行提示，直到背对黑板的学生猜出正确的单词。教师再在黑板上写一个词，如此反复。

3.语境展示法

语境是人们在语言交际中为表达特定意义和功能时所依赖的上下文。词汇学习中常常出现词汇意义混淆，词的搭配不当等问题，因此，将词汇以句子语段的方式展示给学生，在语境中教单词，不但可帮助学生准确地理解词义，而且有助于学生恰当地使用所学单词。

二、英语语法教学

（一）什么是语法

在语法研究史上出现了三种语法：实体语法、形式语法和教学语法。这里探讨的内容是英语语法教学，这里的语法是指教学语法。所谓教学语法就是以教授语言为目的的语法。[①] 学者们针对语法的含义表达了他们各自的观点。

语法可以被定义为一种语言结构的规则和原则，它规范了语言的组成方式和意义的表达方式。[②]

语法是对语言中构成句子的规则和原则的描述，它涉及语法形式和语法意义两个方面。[③]

维维安·库克认为语法包括：规定语法、传统语法、结构语法、语

[①] 戴炜栋，陈莉萍.二语语法教学理论综述[J].外语教学与研究，2005（2）：92-99,160.
[②] 厄尔.如何通过课堂活动教语法[M].北京：外语教学与研究出版社，2009：3-6.
[③] 索恩伯里.如何教语法[M].北京：世界知识出版社，2003：1-66.

法能力、交际能力和语用能力。①

拉森-弗里曼批驳了一些传统的语法观,其将语法的性质归纳为以下几点:语法是一种技能而不是一种知识;语法不仅要求形式正确,而且要求使用得体;语法与规则有关,语法是有道理的;语法不是任意的;语法不是一个正确答案,它是有选择的;语法不仅包括词法和句法,还包括语篇语法。②

利奇和斯瓦特维克对语法的变体形式进行了探讨,他们认为语法涉及不同的变体形式,如书面语或口语、正式或非正式、礼貌或熟悉等。表达某个概念或对象时,有多种变体选择,如表达"孩子"这一意思时,就可以用children(中性)、offspring(正式)和kids(非正式)。

厄尔和索恩伯里的定义强调的是形式与意义的统一。根据库克和拉森-弗里曼对语法的看法,可以看到语法的概念得到了延伸。综合来看,语法包括词法、句法和语篇语法及变体形式,涉及形式、意义和使用的统一。

(二)英语语法教学的目标和内容

1. 英语语法教学的目标

语法教学的目标是由低到高,由易到难,层层推进,大致可以概括为"知""练""能"三个阶段。这三个阶段虽然是递进关系,但也并不是绝对的,也就是说,要想达到"能",不一定要先达到"知",有的人虽然不能完全掌握语法的意义和结构,但依然能够在语言活动中正确运用语法规则。然而对于大多数的英语学生来说,由"知"到"能",可能是达到终极目标最可靠、最有效的途径。确实,就母语而言,大多数人的语法能力都达到了高级阶段的目标,却很少有人拥有系统的母语语

---

① 库克.语言学和第二语言习得[M].北京:外语教学与研究出版社,2000:1-25.
② 拉森-弗里曼.第二语言发展:不断扩展[M].上海:上海外语教育出版社,2018:9-49.

法知识。这一事实确实能够说明，正确地应用语法规则无须具备系统的语法知识。于是，交际学派认为，这种母语语言直觉的获得途径可以在外语学习中加以复制，所以交际学派倾向于取消语法教学，主张通过语言交际活动，让学生自然而然地习得语法规则，达到能够正确运用语法规则的终极目标。曾葡初在《英语教学环境论》一书中，这样论述母语和外语之间的关系："以两种语言的相同而同之，以相异而异之，使外语语言规律在认知上得到强化。"① 教师在教学过程中要尽量促进正迁移，同时克服负迁移所带来的不利影响，以帮助学生更快、更有效地学习。

由此可见，英语语法教学的最终目标不是掌握英语语法知识本身，而是将语法知识在英语实践活动中有效地运用出来。

2. 英语语法教学的内容

英语语法教学的内容可以分为词法和句法两大类。词法又可以进而分为构词法和词类。构词法讨论不同的词缀，词的转化、派生、合成等内容；词类可以进一步分为静态词和动态词。静态词包括名词、形容词、代词、副词、数词、冠词、介词、连词、感叹词等。静态词并不是绝对不变的，比如，名词就有数、格、性等变化，形容词有比较级和最高级的变化。动态词包括动词以及直接与动词相关的时态、语态、助动词、情态动词、不定式、动名词、分词、虚拟语气等。句法可以大致分为句子成分、句子分类、标点符号三大部分。句子成分主要包括主语、谓语、宾语、定语、状语、表语、同位语、独立成分等。句子的分类，可以按句子的结构分为简单句、复合句和并列句，也可以按句子的目的分为陈述句、疑问句、祈使句、感叹句等。与句子有关的内容还包括主句、从句、省略句等。标点符号也是句法的内容之一，此外还有词组的分类与功能、不规则动词等。

语法知识点比较零乱、琐碎，因此教师在教学过程中可以不断地使

---

① 曾葡初.英语教学环境论[M].北京：人民教育出版社，2005：105.

知识再现，以加深学生的印象。

（三）英语语法教学应遵循的原则

1. 连贯性和系统性原则

英语语法教学要注意语法知识和结构的连贯性和系统性，要分清主次，突出重点和难点，由表及里，由浅入深，循序渐进。英语教材的编写者和教师必须根据英语语言的特点、英语语法知识的内在结构和联系以及语法项目的难易程度等科学合理地选择和安排教学内容，体现语法教学的连贯性与系统性原则。

2. 循环往复原则

如何让学生掌握繁多复杂的语法项目呢？埃利斯提出的"螺旋式"大纲就是指语法结构在课程中的循环复现。努南也认为语法学习的关键是重复，因为学生不可能接触某个语法项目一次就可以掌握，在课堂上语法项的分散操练和循环出现很重要，一个语法项目分4次、每次15分钟训练的效果要比一次一个小时训练的效果好。语法项目的复现率也是评价一套教材的重要标准。因此，在语法教学中应注重语法项目的复习，用旧知识引出新知识。例如，在学过去进行时的时候，可以复习一般过去时，并将两种句型进行比较。这种比较不仅是对语法知识的比较，更多是对在语篇语境中应用的比较，强调在语境中恰当地使用。

3. 演绎法与归纳法相结合原则

演绎法是从一般到特殊的思考方法，也就是从已知的概念和事实出发，通过逻辑推理得出新的结论。在语法教学中，采用演绎法进行教学可以分为以下几步：第一步，教师提出并讲解某个语法规则；第二步，教师举出例子，引导学生观察例子并进行分析和比较；第三步，教师组织学生进行练习，巩固和强化语法规则。采用演绎法进行语法教学强调教师的主导作用，学生作为教学活动的主体，其主体性作用得不到很好的发挥，也不能激发学生学习的兴趣。

归纳法是常用的推理和思考方法，它是从一系列具体的事实中总结和概括出一般规律。在语法教学中，采用归纳法进行教学可以分为以下几步：第一步，教师提出包含某个语法项目的不同例子，让学生观察和理解例子；第二步，学生在教师的指导下找出不同例子在用法上的异同点；第三步，教师启发学生从例子中提炼和归纳出语法规则，教师再进行总结、修正或补充；第四步，教师组织学生针对语法规则进行练习和巩固。

使用演绎法教学时，教师先讲解某一语言规则，然后举例说明，接着学生通过练习来运用该规则。归纳法则不同，教师将语言材料呈现给学生，他们通过观察、分析、综合语言现象，归纳出反映某一语言现象的规则。演绎法和归纳法各有优缺点。使用演绎法讲授语法，规则清楚明了，学生容易明白规则的内容；教师直接讲解要点，省时，学生有更多时间练习和应用。而归纳法以学生为中心，要求他们观察语言现象，比较和分析现象的差异并总结出规则。学生通过自己思考发现规则，这样印象会比较深。但归纳法比较耗费时间，在有限的时间内归纳出正确的规则，对有些学生来说难度较大，而且有时学生归纳的规则也会有错误。

因此，在讲授语法知识的时候教师可以采用两种方法相结合的方式，即把语言现象先告诉学生，让他们利用课余时间对语言现象进行分析和对比，将语言现象进行归纳，作为家庭作业。在课堂上，教师综合学生的意见，把语言现象归纳为语言规则。然后，代之以演绎法的讲授，教师以演绎法的方式指导学生进行口头或书面的句型练习，对归纳出来的规则进行验证和理解。这种归纳法和演绎法并用的教授方式，既能调动学生学习的主动性和积极性，又能把知识讲授和技能训练结合在一起，可以加深学生对语言规则的理解，加快规则的内化。

4.精讲易懂，突出重点原则

语法教学要想重点突出，就要精讲。一节课要解决哪个语法要点，教师一定要做到心中有数。为了讲明这个要点，就要有针对性地列举适当的例句，而不是例句越多越好；更不是语法讲得越细越好。英语教师应注意精讲，教给学生的语法形式尽量简化。

5. 体现多样性和灵活性的原则

英语语法教学要灵活地开展丰富多彩的语法教学活动，提高学生学习语法的兴趣。在英语语法教学的过程中，教师不仅要认识到语法教学的重要性，也要认识到改变传统语法教学方法的迫切性。教师必须摆脱传统教学思想束缚，不断吸收新的教学思想，处理好语法教学和语言技能培养之间的关系。首先，教师取百家之所长，根据学生的情况和具体的教学目标选择合适的教学模式。其次，确定教学模式之后，语法教学活动也要丰富多彩。教师应该根据教学对象、教学内容和教学目的把语法教学与技能、情感态度和学习策略的培养结合起来，把语法讲解和语法运用结合起来，采用书面、口头等形式将语法练习有机地、灵活地融入各种交际活动和课堂任务之中。教师可以根据某个单元的语法知识、语言情景，结合学生的实际水平，设计出丰富多彩的活动情景，如对话、文字游戏，甚至可以有意识地出现一些错误，让学生加以辨别。对学生提出的问题也可以不直接回答，先让学生进行讨论，然后再进行归纳，从而形成以学生为中心的课堂教学。在提供语言材料时，教师可以提供一些集知识性和趣味性于一体的句子或者短文，使学生在学习语法的同时，获得知识，提高兴趣。教授语法时要重视学生的参与，注重教学形式和教学活动多样化，以此来激发学生的学习兴趣和积极性。语法规则的呈现要体现多样性和灵活性的原则，把语法本身的规则通过模拟的情景、实际学习或在生活中的体现表达出来，这样就不会使语法教学枯燥、单调。

（四）英语语法教学的新方法

在英语课堂教学中语法课有语法新授课和语法复习课之分。

第三章 高校英语课堂教学的具体分析

1. 语法新授课：间接语法课与直接语法课

语法新授课可以分为两类：第一种是渗透在各种英语技能中的一种以隐性特征进行的间接语法教学，以培养学生的语言能力为主，将语法教学放到了次要的位置。如果进行严格意义上的划分，这种类型的课是不属于语法课的范畴的，但是它属于英语课堂教学中的一部分，因此将其归到了语法教学研究的内容。第二种以语法教学为基础，将其他能力的培养放于次要位置，这是一种真正意义上的直接语法课，在语法教学研究中受到较高的关注。

在间接语法课中，教师的教学设计中就包含了语法的教学任务，学生学习语法现象需要在教师的帮助下开展，而教学方式通常会选择那些经过教师创设或者是特征比较明显的情境来进行，也会采用那些共有特征明显而且不是单一形式的活动，教师在这个过程中需要做的就是时刻关注学生参与活动时的状态，分析每个人对语言的模仿和构建能力，实现最终的教学目的。

如果学生对一个多次出现的语法现象已经有了相当的了解，但对其深刻的意义还没有完全弄清楚，这种情况就为直接语法教学的应用提供了条件。我们也可以将其理解为由于学生自身因素的限制，即使面对相同的教材，他们的理解程度也是存在差异的，这也决定了是否可以采用专门的语法教学，甚至学生是否需要就语法现象向教师寻求帮助。在现行的大学英语教材中，内容上主要强调其功能性，语法知识是渗透在文章内容中的，学生学习英语的过程是先感知，然后再认知。这样教师可以充分调动起学生学习的积极性，让学生在已掌握知识的基础上自己归纳出规律并适当加以拓展，使自己的知识全面发展，为日后的学习打下良好基础。另外，学生之间存在的差异也是进行语法教学的必要原因，学生在课堂中遇到无法解决的难题时，可以组织学生内部开展小组讨论，形成组内互助，不断提升学生的学习能力。以语法教学为主的课堂相对重视渗透性语法教学的课程来说，对准确性和规范性的要求上了一个台阶。在进行语法教学的课堂上，语言场景的设置除了要在一定程度上体现抽象语法与具体材料的有效结合，更要体现出学生的学习过程和教材内容的有效结合。

2. 语法复习课：单元复习、阶段复习和专项复习

通常语法复习课都是通过专题的形式来体现的，可以从时间维度将其进一步划分为单元复习、阶段复习和学期各类专项复习等不同的形式。

单元复习法相对其他形式来说是比较简单的，也是基础的阶段，其作用就是巩固前面所学和为学习新知识做准备。现在比较常见的一种教学方法是课内与课外相结合，也就是课下学生先自己进行学习，概括出单元中涉及的重点和难点问题，在随后的课堂活动上大家再集思广益进行交流，通过进一步的讨论，会加深学生对知识的印象并提升自己的认知。

对后面的阶段复习和专项复习中的语法课来说，通常体现在综合性的语法比较上，换句话说，就是可以将语法复习课概括为比较、概括、归纳和总结四个方面。采用这四种方法可以在一个相对完整的环境中去理解语法现象中的异同点，为实现教学目标做准备，为更好地运用语言奠定基础。

首先，比较方面的复习是指将相似的语法规则进行对比，找出它们的异同点，帮助学生更好地掌握语法规则，并减少混淆。

其次，概括方面的复习是指对不同语法规则进行总结和概括，使学生能够更清晰地掌握各种语法知识点的特点和规律。

再次，归纳方面的复习是指将单个语法知识点涉及的规则和例外情况进行总结和梳理，使学生能够更好地掌握和运用这些知识点。

最后，总结方面的复习是指将所学的语法知识进行总结和归纳，提高学生对整体语法知识结构的理解和把握，从而帮助学生更好地应对英语语法考试和实际应用。

第二节 英语听力与口语教学

一、英语听力教学

（一）英语听力教学的目标及内容

1. 英语听力教学的目标

（1）一般目标。能听懂英语授课，能听懂日常英语谈话和一般性题材的讲座，能听懂语速较慢（每分钟130～150词）的英语广播和电视节目，能掌握其中心大意，抓住要点。能运用基本的听力技巧。

（2）较高目标。能听懂英语谈话和讲座，能基本听懂题材熟悉、篇幅较长的英语广播和电视节目，语速为每分钟150～180词，能掌握其中心大意，抓住要点和相关细节。能基本听懂用英语讲授的专业课程。

（3）更高目标。能基本听懂英语国家的广播电视节目，掌握其中心大意，抓住要点。能听懂英语国家人士正常语速的谈话。能听懂用英语讲授的专业课程和英语讲座。

通过对上述三种目标的分析可以看出，在教学过程中促进学生听力理解能力的提高是听力教学活动开展的主要目标。了解了英语听力教学目标，在教学过程中，教师应该有意识地培养学生的听力技能以及在交际中获取信息的能力。

2. 英语听力教学的内容

英语听力教学的内容通常包括五个方面：听力知识、听力技巧、听力理解、逻辑推理以及语感。下面对这五项内容分别展开介绍。

（1）听力知识。听力知识包括很多方面，如语音知识、语用知识、策略知识、文化知识等。

同一个句子会因发音、重读、语调等的变化而表达不同的意思，表示不同的态度和感情。熟练掌握英语的重读、连读和语调等语音知识有助于提高学生的语音识别能力和对语音的反应能力。因此，语音知识不仅是语音知识教学的内容，还是听力技能教学的内容。教师在讲授语音知识时，需要重视对学生听音、意群、重读等方面的训练，训练内容既要包括词、句，也要包括段落、文章，使学生熟悉英语的表达习惯、节奏，从而为学生提高听力理解打下坚实的基础。

除语音知识以外，语用知识、策略知识、文化知识也是提高英语听力水平的必备"武器"。语用知识有助于学生真正理解话语的内涵；策略知识有助于学生根据听力材料和听力任务的不同选择合适的听力策略，改善听的效果；文化知识则有助于学生准确理解听到的内容，避免对听到的内容产生歧义。

（2）听力技巧。听力技巧主要包括猜词义、听关键词、过渡连接词、预测、推断等。掌握正确的听力技巧，可以有效提高学生听力理解的能力。例如，在与他人交际或听语音材料的时候，学生可以借助说话者的表情、手势或者根据上下文猜测出生词的含义，从而促使交际顺利进行或顺利理解语音材料。因此，训练听力技巧的各种听力活动也是听力教学的必要内容。

（3）听力理解。教授听力知识和听力技巧的目的在于帮助学生理解听到的内容。因此，英语听力教学除知识和技巧方面的教学之外，应该更多地通过各种活动训练学生对句子和语篇的理解能力，使学生的理解由"字面"到"隐含"再到"应用"，理解步步加深。

听力理解包括以下几个阶段。

①辨认。辨认主要包括语音辨认、信息辨认、符号辨认等方面。尽管辨认处于第一个阶段，属于第一层次，但却是后面几个阶段开展的重要基础。一旦学生无法辨认听到的内容，那么理解也就无从谈起了。

辨认可分为不同的等级，最初级的辨认是语音辨认，最高级的辨认则是对说话者意图的辨认。教师可以通过正误辨认、选择匹配项等具体方式训练和检验学生的辨认能力,如根据听到的内容给听力材料中的句子排序。

②分析。分析处于第二个阶段,要求学生能够在语流中辨别出短语或句型,能够对日常生活中的谈话内容有大致的理解。

③重组。重组要求学生用自己的语言将听到的内容以口头或书面的方式表达出来。

④评价与应用。这是听力理解的最后阶段,要求学生在前面三个阶段获得信息、理解信息、转述信息的基础上,能够运用自己的语言对所获得的信息进行评价和应用。在实际教学中,可以通过讨论、辩论、解决问题等活动方式进行。

以上这几个阶段是一个循序渐进的过程。任何级别的听力学习都必须经历由辨认到应用的一系列过程,然后学生的听力水平才能逐步得到提高。

(4)逻辑推理。除听力知识、听力技能和听力理解以外,逻辑推理知识也是正确判断和理解语言材料的必要条件。因此,英语听力教学必须重视对学生语法知识的巩固和逻辑推理的训练。

(5)语感。语感是对语言直接感知的能力。良好的语感有助于学生在信息不足的情况下依然能够快速而正确地做出判断。显然,学生如果具备好的语感,听力理解的效果就会好许多。因此,在英语听力教学中,教师应注意对学生语感的培养。

(二)英语听力教学应遵循的原则

1. 循序渐进原则

任何学科的学习都不是一蹴而就的,都需要经过一个循序渐进的过程,英语听力学习也不例外。这里的循序渐进是指英语听力教学要由简到繁、由易到难地展开。这一原则在听力材料的选择上发挥着重要的作用。在选择听力材料时,要注意材料难度的阶梯性,应由简单逐步向复杂过渡。在听力教学初期,教师应选择那些吐字清晰、语速较慢的材料,同时注重材料的真实性和多样性，教师可选择一些新闻、社会热点话题等，以培养学生的学习兴趣。随着英语听力教学的逐渐开展，教师可根据实际情况增加听力材料的难度，以满足学生的求知欲，提高学生的听力水平。

2. 激发兴趣原则

兴趣是最好的老师。对任何教学和学习活动而言，兴趣都是至关重要的，对听力教学来说更是如此。在进行听力教学之前，教师首先要了解学生的兴趣所在，即学生喜欢哪种听力活动，对哪些听力材料感兴趣等；教师应以此为依据选取相应的教学方法来激发学生的学习兴趣，调动学生学习的积极性，保障听力教学的顺利开展，提高教学效率。

3. 选材真实原则

英语听力教学的目的不是让学生应付听力考试，而是培养学生的听力能力，使学生能够有效地进行跨文化交际，能够在真实的情景中运用语言，因此听力材料的选择要具有真实性。例如，教师可以选取一段完整的广播节目或者选取一段英语电影片段等让学生听，这种真实的听力材料能让学生接触和感受地道的英语表达，领悟英语语言与文化的特点，培养英语语感，进而提高其英语听力水平。此外，听力材料的选择应注意难度适宜，既不能太简单，也不能太难。如果听力材料过于简单，会使学生产生轻视心理，不利于学生听力水平的提高；如果选择的材料过难，会给学生带来心理负担。

4. 分析性和综合性相结合原则

英语听力教学应将分析性的听和综合性的听有机结合起来。分析性的听是指在听的过程中将注意力集中在对材料中的细节部分的理解和记忆上，在听的过程中注重细节分析，逐词逐句地对所听到的内容进行分析，这是听力教学的基础训练。而综合性的听是指在听的过程中将重点放在对材料整体的把握上，也就是在听力教学基础训练的基础上进行的整体的听的练习。综合性的听注重对材料内容有一个整体印象和理解，这种方法主要针对的是对听力材料主旨的理解、对整体思想的分析等。听力理解不仅需要学生掌握细节信息，也需要学生把握整体含义，所以在英语听力教学中教师要将分析性的听和综合性的听结合起来，以培养学生分析细节信息和把握整体主旨的能力。

5.分散训练和集中训练相结合原则

这一原则是指教师在听力教学中应将分散训练和集中训练相结合来开展教学。分散训练是指将听力训练的各个重点进行分类，先进行分散的有针对性的练习。分散训练一般安排在听力练习的初级阶段，在这个阶段学生为听力材料以及语篇的理解打基础。在分散训练阶段的后期可以让学生根据不同的主题，如经济、文化、政治、旅游等进行训练。在进行了充足的分散训练之后就可以进行集中训练。集中训练指在分散训练的基础上，每周专门抽出1～2课时进行大量的、有指导的强化训练，对学生在听力中遇到的具体问题进行具体的帮助、指导。这种分散训练和集中训练相结合的方式能有效提高学生的听力能力。

6.听、说、读、写相结合原则

听、说、读、写这四项基本技能是相辅相成，相互促进的关系。因此，在英语听力教学中，教师应将这四项基本技能结合起来进行教学。

听力教学可以帮助学生培养听力技能和口语能力，让学生更好地理解和掌握英语的发音和语调，提高对英语的听力理解和交际能力。通过听力教学，学生可以更好地掌握英语的语音和语言规律，从而提高英语口语的准确性和流畅度。

在英语教学中，听力教学与阅读教学相结合可以帮助学生更全面地掌握语言技能，提高语言学习的效果。将听力教学与阅读教学相结合，可以帮助学生更全面地掌握英语的语言技能和文化素养，从而提高英语的综合应用能力。通过听力和阅读的交替训练，学生可以更好地加深对英语语言的理解和运用，提高自身的学习效率和学习兴趣。

英语教学要注重听力教学与写作教学相结合，这样可以更有效地提高学生的语言应用能力和语言素养。例如，从听力中获取写作素材。听力训练中的对话和讲座材料可以为写作提供优质素材。学生可以通过听取对话和讲座来收集写作素材，并将其转化为自己的文章。

阅读教学可以帮助学生提高阅读技能和写作能力，让学生更好地理解和掌握英语的语法和语言结构，从而提高英语的阅读理解和写作表达能力。通过阅读教学，学生可以更深入地了解英语语言的文化内涵和表达方式，提高英语文化素养和跨文化交际能力。

具体的训练方法有很多，如听写和口语练习、听后复述。通过听写训练，学生可以提高听力技能和语言理解能力。在此基础上，结合口语练习，可以更好地运用语言素材和语法知识进行口头表达，并进一步提高写作能力。听后复述是指学生听一段文章，然后试着复述文章内容。这样可以加深对文章的理解，也可以提高写作能力。

（三）英语听力教学新方法

1. 初级阶段教学方法

（1）根据听力材料进行默写。在听力训练过程中根据听力材料进行默写是一种比较有效的促进听力水平提升的方式。需要注意的是，听音默写的过程也是学生的一系列认知活动开展的过程。

听音默写的作用对于学生来说，一方面可以锻炼听音能力，另一方面可以锻炼在听音的过程中对语句意思进行快速识别的能力，可以说是一举两得。

在听音默写的过程中，学生在锻炼自己听音能力的同时加深了对单词的印象。另外，这种方法同样适用于句子和短文的听音训练中。只不过学生在整个过程进行中需要注意力高度集中，从脑海中的知识储备库内快速检索出所需的内容，这样才能持续地使能力得到提升。

（2）根据单词辨音。英语听力能力的提高还需要依靠足够的词汇量作为强有力的后盾。学生掌握的词语的质量和数量直接影响着其对听力材料中单词的理解能力。从这个角度来说，在进行听力教学的过程中同样需要重视对学生词汇方面的教学。

（3）听和音的匹配。听和音的匹配主要是通过文本和图片两种形式来体现的。匹配可以在听的整个过程中进行，包括前、中、后3个阶段。其中，在活动前进行匹配的目的是为后续的听力训练打下良好基础。而在活动中进行的匹配则对形式有了一定的要求，这都为后面阶段的匹配做好了准备。

（4）行为反应。听力过程实际上就是学生的反应过程，学生对接收到的不同信息进行识别后，做出相应的反应，使交流可以持续下去。所以在实际的教学过程中，需要运用行为反应方法对学生的听力能力进行训练，为日后的交际打下坚实的基础。

（5）播放英语电影录音片段。英语作为大多数学生的第二语言，在实际的使用过程中缺乏一定的语言环境的支持，这就在一定程度上影响了学生的学习兴趣。而学生对英语听力的学习兴趣直接影响着最终教学成果的好坏，可见在实际的英语听力教学过程中调动学生的兴趣和积极性是至关重要的。播放英语电影录音片段是提高学生听力兴趣的一种重要方式。在这一过程中，教师可以根据学生的能力按照以下步骤来安排教学。

①让学生分段听影片录音。

②在听影片录音的过程中，要求学生遇到不理解的词语时及时记下，播放结束后趁热打铁通过查字典等方式找到适合影片语境的合理解释。

③教师对学生的掌握情况进行及时检测，可以使用英文问答、口译或复述影片中的经典台词等方法。

④再播放1~3遍录音片段，让学生一边听一边跟着重复练习。

（6）排序练习。以排序的方式进行练习也是英语听力训练过程中经常会用到的一种方式，可以在一定程度上提高学生的识别和理解能力。此外，排序的方式并不是一成不变的，而是多种多样的，排序的依据可以是事件的逻辑关系、故事发展的前后顺序等，学生可以根据操作步骤进行排序,还可以根据信息在录音材料中出现的先后顺序来进行排序。

2. 高阶段教学方法

(1)猜测词义。在听力教学过程中,学生清楚地听清每一个单词是不容易做到的,在这种情况下,教师教授学生运用猜测词义的方法去理解句意就显得很有必要了。

通常,一段文章中并不是所有的信息都是有效的和重要的,学生要做到的就是能够识别和区分哪些信息是重要的,哪些信息是不重要的。重要的信息一般会在文章中反复出现,学生要注意识别。因此,即使有些信息没有听懂也没有太大关系,只要后面没有再次提起学生就可以将其划分到不重要的行列,不影响理解。但是,如果后文对该信息进行了进一步的解释和说明,我们就可以判定这一类信息属于比较重要的信息,了解其含义可以更好地理解全文内容。此时,再根据前后文的描述对其进行猜测也不迟。

(2)笔记记录。教师在教学过程中可以根据自己丰富的教学经验向学生传授一些实用性强的听力记录的方法。笔记记录不可能也没有必要记得很完整,因此教师要教会学生使用一些容易理解的符号或缩写把重要信息记下来,如时间、地点、数量、年龄、价格等数字和关键词,这其实也是一种速记方法。当然如果学生有自己的一套记忆方法也是可以的,还可以让学生将这种方法分享给其他人。

(3)细节把握。英语的听力训练是特别考验学生对细节的把握的,因为有时答案就隐藏在问题中,需要学生足够细心才可以发现,而这也往往是学生很难注意到的。这些问题中的细节往往与"5W(when、where、why、who、what)"有关,认识到这些规律,就能准确理解听力的内容。在实际的练习中教师要引导学生尝试这种方法。

(4)抓住重点。很多听力水平不高的学生,在听力练习中习惯将注意力平均分配在每个单词上,从而造成精力分散,无法从整体上把握句子的重点。学生在听取信息时应该有所侧重,听主要内容和主题问题,捕捉主题句和关键词，避开无关紧要的内容。因此，高校英语教师在进行方法传授时要让学生树立抓重点的意识，并要经常针对这方面进行练习。

二、英语口语教学

（一）英语口语教学的目标及内容

1. 英语口语教学的目标

（1）一般目标。能在学习过程中用英语交流，并能就某一主题进行讨论，能就日常话题用英语进行交谈，能经准备后就所熟悉的话题进行简短发言，表达比较清楚，语音、语调基本正确。能在交谈中使用基本的会话策略。

（2）较高目标。能用英语就一般性话题进行比较流利的会话，能基本表达个人意见、情感、观点等，能基本陈述事实、理由和描述事件，表达清楚，语音、语调基本正确。

（3）更高目标。能较为流利、准确地就一般或专业性话题进行对话或讨论，能用简练的语言概括篇幅较长、有一定语言难度的文本或讲话，能在国际会议和专业交流中宣读论文并参加讨论。

2. 英语口语教学的内容

（1）语音训练。语音是学习英语口语的基础。语音训练的目标就是掌握正确的语音和语调，包括重读、弱读、连读、音节、停顿等。错误的发音或不同的语调会造成对方理解困难，甚至产生误解。

（2）词汇。词汇是英语学习的基础，无论是英语听力、阅读、口语还是写作都离不开词汇。没有足够的词汇量就没有足够的输出语料，就不能进行信息的交流和沟通。词汇是信息的载体，如果没有足够的词汇量，就不能在脑中形成既定的预制词块，这必然会影响英语的输出效率。有效的词汇输入是词汇输出的条件，口语交际功能的实现离不开充足的词汇量作支撑。在口语教学中应该加强学生词汇量的积累。

（3）语法。语法是单词构成句子的基本法则，要想实现沟通的目的必须要构建出符合语法规则的句子。句子只有符合语法规则才可以被听者理解。词汇是句子含义的载体，语法是句子结构的基础，熟练掌握语法规则才能实现口语表达的实用性和高效性。

（4）会话技巧。口语教学的最终目的是交际，学习并运用一些会话技巧可以使交际顺利进行。常用的会话技巧主要有表达观点、获取信息、承接话题、征求意见、转换话题和拒绝答复等。

（5）文化知识。在口语交际中，文化知识也是一个不容忽视的方面，对英语口语教学有很强的促进作用。对文化知识的熟练掌握程度决定了学生在实际交际过程中对语言的运用程度。这就意味着，学生不仅需要掌握基本的语言基础知识，还要具备深厚的语言文化功底。其中，文化知识对语言的重要影响作用主要体现在以下两个方面：对所表达词语的意义或构成产生影响，对语言的组织过程产生影响。

（二）英语口语教学应遵循的原则

1. 教师应创设特定的环境，使学生产生交际的愿望和兴趣

和谐自然的交际环境可以使学生放下心理包袱，产生自发的交际愿望，继而以平和的心态来进行口语交际。比如，今天口语课的讨论话题是聚会，教师可以提前布置一个聚会场所作为课堂，需要指出，这里的教学场所不必一定是教室，也可以选择其他地方，如校园文化广场等，环境越接近现实越好。聚会中所需的供应可以让学生根据个人的喜好自备。聚会开始时，教师要求学生在整个过程中只用英语进行交流。学生被置于特定的、形同现实的环境之中，自然就会产生交际的兴趣。

2. 口语教学活动应带有目的性

口语教学活动是一种带有目的性的活动。一般来说，目的越明确，学生的交际动机便会越强烈，口语锻炼的效果越好。因此，口语教学过程中，教师所选的话题最好带有鲜明的目的性。

3.口语教学活动应重视意义，而非语言形式

语言交际的根本目的是传递信息。交际过程中，意义最为重要。只要意义传达了出来，并且对方可以理解，交际的目的也就达到了。所以，在教授口语过程中，教师可以对学生的语法错误保持一定的宽容。否则，一方面容易打击学生的自尊心和自信心，使其产生挫折感；另一方面，也不利于学生口语流利性的培养。

4.口语教学要与听力教学相结合

高校英语口语教学一般都会与其他技能相结合，多数情况下作为"听"的延续，有时也作为"听"的准备。一般情况下，如果是在"听"后开展，可以根据听力材料呈现口头表达所需的语言、结构；如果是在"听"前进行，多数是通过口语训练培养学生对某些语言或者功能的语音意识，以便学生能够轻松地理解所要听的内容。

（三）英语口语教学新方法

1.游戏化教学法

游戏化教学法是英语口语教学中的一种新方法，它将游戏元素融入教学中，使学生更加愉悦地学习英语口语，并提高学习的兴趣和参与度。以下是英语口语教学中常用的几种游戏化教学法。

（1）单词游戏。将单词或词组写在卡片上，让学生参与猜词、单词接龙等游戏，以帮助学生记忆单词和提高语言表达能力。

（2）口语交流游戏。例如，角色扮演、对话比赛、普通话说唱等游戏，让学生通过模拟真实的语境和情景进行口语交流，帮助学生练习英语口语表达。

（3）模仿游戏。例如，模仿名人说话、模仿电影台词等，帮助学生提高语音语调的准确性和流利度。

（4）趣味竞赛游戏。例如，猜谜语、编故事、速记比赛等，通过比赛的形式来激发学生学习英语口语的兴趣和积极性，帮助学生提高语言组织

能力和想象力，同时能够锻炼学生的口语表达能力。

以上是英语口语教学中常用的几种游戏化教学法，这些游戏既能够让学生在愉悦的氛围中学习，又能够促进学生的口语表达能力的提高。游戏化教学法在英语口语教学中得到了广泛应用，并取得了良好的教学效果。

2.情境教学法

情境教学法主要有以下三种方式。

（1）辩论。辩论从根本上来说就是一场比较激烈的对抗赛，竞争的意味比较重。辩论要求参与人员不仅要具有很厉害的口才，而且逻辑思维能力要清晰、大脑要做到飞速运转，还要具备善于抓住对方的漏洞进行反击的能力，是对参与者的综合能力的极大考验。英语辩论的场合通常会选择教室，参与双方针对所给出的论题运用英语对自己的观点进行阐述，以期用最有力的论据和表达来战胜对方。这是英语口语训练的有效方式之一。

（2）角色扮演。角色扮演也是教师在教学过程中对学生口语能力进行训练的方式之一，而且现在有越来越多的教师愿意采用这一形式，其目的是让学生不再胆怯，勇敢地战胜自己的消极情绪，在众人面前表达出自己的内心想法。这一方式通常是和小组学习相结合进行使用的，教师可以按照不同的剧情要求分配给学生不同的角色，学生通过与组内成员的相互配合来完成规定人物的台词，推动故事情节的发展。这种方式对学生来说不仅可以锻炼自己的胆量，勇于在众人面前用英语表达，还会加深学生对角色台词的理解能力，内化为自己的知识。

（3）对话。相比前面的两种方式，对话的形式更常见而且更容易操作一些，因此教师在英语教学过程中更愿意使用这样的形式。第一，对话不会占据太多的课堂时间，对大家来说都是可以接受的。第二，对话的内容相对更生活化一些，是身边比较常见的形式，这对学生来说更容易理解一些。第三，通过对话学生也可以锻炼自己的口语技能，提高自身的应变能力。第四，因为对话的对象是自己组内熟悉的同学，所以学生没有太过强烈的紧张感，可以促使对话愉快地进行下去。

3.借鉴音乐教学法

借鉴音乐教学法是英语口语教学中的一种创新性方法，它是将音乐元素和英语口语教学相结合的一种教学方法。通过借鉴音乐教学法，教师可以将英语口语教学和音乐学习有机地结合起来，从而提高学生的英语口语表达能力和语感。以下是英语口语教学中常用的几种的借鉴音乐教学法。

（1）学习英语歌曲。通过学习英语歌曲，学生可以更加直观地感受和掌握英语语音、语调和语感。教师可以选择一些流行的英语歌曲，让学生跟着歌曲唱，并进行发音、语调等方面的训练。例如，利用英语说唱这种富有节奏感的音乐形式，学习英语说唱，可以让学生更好地掌握英语语音、语调和节奏感。教师可以选择一些英语说唱歌曲，让学生跟着唱，提高学生的口语表达能力和节奏感。

（2）利用英语歌曲歌词。教师可以将一些英语歌曲的歌词作为口语教学的素材，让学生进行口语表达练习。教师还可以让学生根据歌词进行角色扮演或讨论，帮助学生更好地运用英语口语进行表达。

（3）利用英语音乐视频。教师可以利用一些英语音乐视频，例如MV或音乐会演出等，让学生进行观看和分析，并进行英语口语表达练习。通过观看音乐视频，学生可以更直观地感受英语语音、语调和表达方式，提高学生的口语表达能力。

借鉴音乐教学法在英语口语教学中已经得到广泛应用，它不仅可以提高学生的英语口语表达能力，而且可以提高学生对英语语音和语感的掌握能力。

第三节 英语阅读与写作教学

一、英语阅读教学

(一)英语阅读教学的目标与内容

1. 英语阅读教学的目标

(1)一般目标。能基本读懂一般性题材的英文文章,阅读速度达到每分钟70词。在快速阅读篇幅较长、难度略低的材料时,阅读速度达到每分钟100词。能就阅读材料进行略读和寻读。能借助词典阅读本专业的英语教材和题材熟悉的英文报刊文章,掌握中心大意,理解主要事实和有关细节。能读懂工作、生活中常见的应用文体的材料。能在阅读中使用有效的阅读方法。

(2)较高目标。能基本读懂英语国家大众性报纸杂志上一般性题材的文章,阅读速度为每分钟70～90词。在快速阅读篇幅较长、难度适中的材料时,阅读速度达到每分钟120词。能阅读所学专业的综述性文献,并能正确理解中心大意,抓住主要事实和有关细节。

(3)更高目标。能读懂有一定难度的文章,理解其主旨大意及细节,能阅读国外英语报刊上的文章,能比较顺利地阅读所学专业的英语文献和资料。

2. 英语阅读教学的内容

无论哪种教学,教学内容都必须以教学目的为出发点。英语阅读教学的目的在于培养学生的阅读能力,使学生能够通过阅读英语材料获取所需信息。基于这一目的,高校英语阅读教学应包括以下内容。

(1)辨识单词。

(2)猜测陌生词语的含义。

（3）理解句与句的关系。

（4）理解句子的交际意义。

（5）辨识衔接词，并能据此理解文章各部分之间的关系。

（6）辨认语篇指示词语。

（7）把握语篇的主要观点或主要信息。

（8）总结语篇的主要信息。

（9）从细节中理解主题。

（10）将信息图表化。

（11）培养学生基本的推理技巧。

（12）培养学生的跳读技巧。

（二）英语阅读教学应遵循的原则

1. 激发兴趣原则

阅读不是一项被动的过程，而是一种高度积极主动的创造性行为，是读者根据自己已有的信息、知识和经验对语篇进行筛选、分类和解释的过程，是读者通过语篇与作者进行沟通的交际行为。读者的心理状态对阅读具有重要的影响。决定阅读心理状态的具体因素包括阅读目的、兴趣和积极性等，其中阅读兴趣直接影响读者阅读能力的提高。阅读兴趣高，阅读动机就强，经常的、广泛的阅读就会变成一种内在的需求，而持之以恒的阅读是培养良好的阅读习惯、提高阅读能力的根本保证。兴趣并非天生注定，是经由后天环境培养逐渐发展起来的，教师应特别注重对学生阅读兴趣的培养。在阅读教学中，教师要精选难度适中、合乎学生兴趣且与学生生活实际有密切联系的阅读材料；要实行阅读教学的分层处理和分层评价；要尽量减少让学生觉得乏味的课堂教学活动；要及时发现学生的进步，多鼓励、多表扬。

2. 信息、语言并重原则

高校英语阅读，除了培养学生的阅读兴趣，还应该注重对学生信息获取能力和语言学习能力的培养。阅读的最终目标固然是获取信息，但对高校英语教学来说，在阅读课上也不能忽视对语言知识的积累。没有语言素材做基础，阅读能力的训练和提高就成了无源之水、无本之木，不可能走远。阅读能力要通过阅读活动来训练，阅读能力的提高又离不开语言知识的积累和丰富。所以，阅读课并不是只讲阅读技巧、只讲如何获取信息，重要的词语、句式、惯用法等语言知识的学习也是阅读课教学的有机组成部分，不应该被排除阅读教学课堂之外。必要的时候，完全可以把其中的语言片段单独拿出来理解消化。当然，在信息获取与语言积累得到平衡的同时，阅读课的重心最终应该落在对文本意义在具体语境中的理解上，而不要把阅读活动分解成支离破碎的字、词、句分析。

3. 真实性原则

阅读教学的真实性包括三层意义。

（1）阅读材料的真实性。阅读材料的选择要考虑学生日常生活中的交际需要，要从现实生活里面选择文体多样、适合学生英语水平、学生喜闻乐见的阅读材料。

（2）阅读目的的真实性。真正的交际过程中，阅读活动总是有一定目的的，人们阅读可能是为了获取信息、验证已有知识、了解作者的思想或写作风格，也可能只是为了娱乐消遣或打发时间。阅读的目的不同，需要的阅读方法也就不同。

（3）阅读方法的真实性。学生要根据自己的阅读目的、文章的题材类型等选择适当的阅读方式。在教学中保证阅读方法的真实性，要注意在阅读教学中采用先理解再拓展的模式。

4. 多维互动原则

阅读不是单一的活动，它是一个融合了多种因素和多种智能活动的综合过程。因此，在学生阅读技能的培养过程中，互动是较为重要的原则之一。互动主要包括以下几种。一是学生与文本的互动。比如，通过标题、插图等线索对文本内容进行预测。二是师生互动。阅读过程中没有权威，师生之间是平等的交流，教师是学生阅读的帮助者和引导者。通过师生互动，教师能更细致地体察到学生阅读的困难所在，学生可以更高效地接受教师的指导。三是同伴互动。由于学生兴趣、个人经验、英语水平等有所不同，在阅读中获取的信息和感受有可能存在差异。这些差异可以成为语言交际的条件，是语言学习和合作学习发生的良好时机。因此，对同伴互动中生成的这些学习机会，教师要善于捕捉和利用。四是课程目标的综合互动。阅读课不单是培养阅读技能，诸如语言学习、综合技能发展、策略培养、文化感悟、智能提高和人格发展等诸多课程目标也都可以在阅读过程中加以渗透和有机整合。虽然不是每次阅读课都可以渗透所有目标，但根据每次阅读内容的特点，侧重某些目标是完全可以做到的。

5.速度、效率并重原则

阅读教学的目的是培养学生的阅读能力，而衡量阅读能力的基本标准包括理解的准确性和阅读速度。阅读的要求首先是理解，然后是速度。读得快却不理解，相当于没有进行阅读读；能够理解但速度太慢、阅读效率太低，意味着阅读能力不够。因此，评价学生阅读能力的标准是阅读理解的准确性和阅读速度。准确性指阅读理解的精确度和效率，阅读速度则是衡量读者阅读流利性的主要标准，二者相互依存，准确中要有速度，速度中要有准确。在阅读教学中，正确处理好速度与准确性之间的关系是提高学生阅读理解能力的关键之一。理解是重要的，一味地强调速度而不理解文章的内容是没有任何意义的，因为我们无法了解或获取有效的信息。而只注重理解的准确性，不追求阅读速度就不能有效地提高阅读理解能力。因此，要遵循速度、效率并重原则。

（三）英语阅读教学新方法

1.多媒体技术教学法

多媒体技术教学法是英语阅读教学法中的一种新方法，它通过利用多媒体技术来展示英语阅读内容，提高学生对英语阅读内容的理解和掌握。以下是多媒体技术教学法在英语阅读教学中的几种应用。

（1）视频教学法。教师可以利用视频来展示英语阅读内容，让学生通过视听方式来掌握英语阅读技巧和语感。具体而言，教师可以根据学生的英语水平和学习目标选择适合的英语视频素材，如英语新闻报道、英语电影片段等，让学生通过视听方式来掌握英语阅读技巧和语感。教师可以让学生观看选取的英语视频，并在视频播放过程中帮助学生掌握英语阅读内容。例如，教师可以帮助学生辨认单词、短语，理解语境等。教师可以利用选取的英语视频来引发学生的讨论，并帮助学生通过讨论来理解和掌握英语阅读内容。例如，教师可以根据视频内容提出问题，让学生进行讨论和交流。教师可以通过选取的英语视频来进行英语阅读练习。例如，教师可以让学生根据视频内容进行填空、选择、翻译等练习，帮助学生掌握英语阅读技巧和语感。

（2）电子阅读器教学法。在英语阅读的多媒体技术教学法中，电子阅读器教学法是一种非常实用的方法，它可以通过电子阅读器来展示英语阅读内容，从而帮助学生更好地理解和掌握英语阅读技巧。教师可以根据学生的英语水平和学习目标选择适合的电子阅读器，如Kindle等电子阅读器。通过电子阅读器来展示英语阅读内容，并通过电子阅读器的功能帮助学生更好地理解和掌握英语阅读内容。例如，教师可以让学生通过电子阅读器来调整字体大小、查阅生词，从而帮助学生更好地理解英语阅读内容。教师可以让学生通过电子阅读器来完成阅读理解、翻译等练习，从而提高学生的英语阅读能力。

（3）互动白板教学法。互动白板教学法是一种非常实用的方法，它可以通过互动白板来展示英语阅读内容，并与学生进行互动，让英语阅读教学更加生动有趣。教师可以根据学生的英语水平和学习目标选择适合的互动白板。互动白板具有多种功能，如展示英语阅读内容、画图、写字、互动等，教师可以根据学生的需求来选择相应的功能，从而帮助学生更好地理解和掌握英语阅读内容。例如，教师可以让学生通过互动白板来画图、写字、完成阅读理解等练习，从而提高学生的英语阅读能力。教师可以根据阅读内容提出问题，通过互动白板来引发学生的讨论，并帮助学生通过讨论来理解和掌握英语阅读内容。

2. 双语阅读法

双语阅读法是一种非常实用的方法，它可以通过同时展示英语原文和汉语翻译，来帮助学生更好地理解和掌握英语阅读内容。以下是常见的几种英语阅读法。

（1）借助教辅资料。教师可以使用专门的教辅资料，如双语阅读教材、双语阅读辞典等，来辅助学生进行英语阅读。这些教辅资料可以帮助学生更好地理解英语文章的意思和词汇用法。

（2）创造性地设计教学活动。教师可以通过设计各种类型的课堂活动，如朗读、讨论、角色扮演等，来鼓励学生使用双语阅读法进行英语阅读。在这些教学活动中，学生有机会交流英语知识，可以获得更好的英语阅读体验。

（3）制作阅读素材。教师可以制作双语阅读素材，如英文读物、新闻报道等，让学生通过阅读来学习英语。在这些阅读素材中，英语原文和中文翻译可以并排呈现，方便学生进行对比阅读，从而更好地掌握英语阅读技巧。

（4）利用网络资源。教师可以利用网络资源，如双语网站、在线翻译工具等，来进行英语阅读教学。这些资源可以为学生提供便利，让学生更加方便地进行双语阅读。

3. 语言模型法

在英语阅读教学法中，语言模型法是一种常用的方法。它可以通过语言模型来帮助学生更好地理解英语文章，提高学生的阅读理解能力。以下是英语阅读中语言模型法的具体应用。

（1）利用语言模型分析文章。教师可以借助语言模型工具，如语法分析工具、词汇匹配工具等，来分析英语文章的语言结构和词汇用法。

通过这种方法，教师可以帮助学生更好地理解文章的语言特点，从而提高学生的阅读理解能力。

（2）利用语言模型来推测意思。在英语阅读中，有些单词或短语的意思并不清楚，此时可以通过语言模型来推测意思。例如，通过对句子结构和上下文的分析，来猜测某个单词的含义，或者通过对常见短语的分析来理解整个句子的含义。

（3）利用语言模型来进行词汇学习。通过语言模型，教师可以帮助学生学习和掌握英语词汇的用法和搭配。例如，通过语言模型分析单词的词性、语法用法和常用搭配，来帮助学生掌握单词的使用方法。

（4）利用语言模型进行语音和发音练习。通过语言模型，教师可以帮助学生进行语音和发音练习。例如，通过语言模型的发音示范来让学生模仿并练习发音，从而提高学生的语音和发音水平。

通过以上具体应用，语言模型法可以在英语阅读教学中发挥出更加积极的作用，帮助学生更好地掌握英语阅读技巧，提高英语阅读能力。

4.合作阅读教学法

合作阅读教学法是基于组内合作的形式建立起来的，这种方法注重让学生懂得互助，通过讨论、交流彼此的观点和看法，加深对文章内容的理解。这种方法对大部分学校的课堂活动来说都是适用的，尤其在那些学生水平相差较大的班级，合作阅读教学法的教学效果最为明显。同学们通过互助和合作使自身的词汇量和合作意识都得到了不同程度的提升。

具体来说，合作阅读教学法的过程可以概括为以下三个阶段。

（1）读前预习。只有学生熟悉了课文，教师才能顺利进行教学。为了防止学生在预习过程中的盲目性，教师可提前给他们一些预习题，并在课堂上进行检查。通过预习，学生就从被动的状态中解脱出来了，这样在上课时就能做到心中有数。

（2）细节阅读。细节阅读换句话说也可以理解为精细阅读。学生阅读整篇课文,围绕课文回答"5W"问题,这类问题一般均可以从课文中直接找到答案。教师可以抓住重点内容进行提问,为下一阶段的合作与交流做好铺垫。

(3)讨论交流。学生带着重难点问题与自己的疑问展开交流,在探讨的过程中合作解决彼此的疑问,实现学习目的。

二、英语写作教学

(一)英语写作教学的目标及内容

1. 英语写作教学的目标

(1)一般目标。能完成一般性写作任务,能描述个人经历、观感、情感和发生的事件等,能写常见的应用文,能在半小时内就一般性话题或提纲写出不少于120词的短文,内容基本完整,中心思想明确,用词恰当,语意连贯。能掌握基本的写作技能。

(2)较高目标。能基本上就一般性的主题表达个人观点,能写所学专业论文的英文摘要,能写所学专业的英语小论文,能描述各种图表,能在半小时内写出不少于160词的短文,内容完整,观点明确,条理清楚,语句通顺。

(3)更高目标。能用英语撰写所学专业的简短的报告和论文,能以书面形式比较自如地表达个人的观点,能在半小时内写出不少于200词的说明文或议论文,思想表达清楚,内容丰富,文章结构清晰,逻辑性强。

2. 英语写作教学的内容

高校英语写作教学的内容主要包括结构、选词、句式以及拼写与符号。

(1)结构。

①谋篇布局。在写作之前首先要谋篇布局,谋篇布局作为写作的起点,对写作有着至关重要的作用。所谓谋篇布局,就是根据不同的题材、

体裁来确定篇章以及段落的整体结构,并据此选择恰当的扩展模式,保证写作顺利开展。就篇章结构而言,大体结构可以分为引入段、支撑段、结论段;就段落结构而言,大体结构可以分为主题句、扩展句、结论句。但是谋篇布局并不是固定不变的,面对不同的题材和体裁时,文章的谋篇布局也会随之变化。

②完整统一。评价一篇文章优劣的重要标准之一就是看该文章是否完整统一。所谓完整统一,是指文章中所有的细节,如事实、原因、例子等都围绕主题陈述和展开,所有的信息都要与主题相关,而所有脱离主题的信息都要删除,以保持文章段落的完整性。如果一篇文章逻辑混乱、层次不清,就不能称得上是好文章。

③和谐连贯。和谐连贯对于一篇文章来讲是比较重要的,它是一篇优秀文章必须具备的因素。因此,在写作过程中,学生要注意文章的连贯性和逻辑性,保证句子与句子之间紧密相连,内容之间衔接流畅,段落与段落之间环环相扣,整篇文章流畅自然、和谐统一。英语中保证文章连贯统一的重要方法就是使用恰当的连接词和过渡词语。

(2)选词。词汇的含义有表层和深层之分,而且在不同的文化背景下,词汇有着不同的意义,因此对词汇了解不够深刻、不能选用恰当的词汇,将会严重影响写作的效果,所以选词也就成了英语写作教学的重要内容。选词通常与个人爱好有关,它是个人风格的体现,也是作者与读者之间交流的方式之一。选词要考虑多重因素,如褒义词与贬义词的选择、具体词与概括词的选择、正式词与非正式词的选择等。

(3)句式。语篇是由词和句子通过一定的组合而构成的,所以句式对于写作来讲十分关键。英语句式种类繁多,而且形式多样。掌握和运用不同的句式对于写好文章十分有利,所以句式就成了英语写作教学的重要内容。为了使学生掌握多种句式,写出更加精彩的文章,教师可采用句式练习的方式,具体来讲,教师可采取示范和讨论等方式让学生进行练习,促使学生掌握多种正确的表达方式。

（4）拼写与符号。英语写作离不开拼写与符号，如果没有了拼写与符号，文章的逻辑结构就体现不出来，文章就会一片混乱。因此，拼写与符号也是英语写作教学的重要内容。拼写和符号涉及学生的基础知识，主要包括单词的拼写和标点符号的正确与否，这虽然属于细节问题，但对写作有着重要的影响。

（二）英语写作教学应遵循的原则

1. 一致性原则

英语写作中的一段文章通常只允许阐述一个中心思想，它可以是一个大主题的某一方面或其发展的一个阶段。简而言之，就是一篇文章或一个段落只能有一个中心思想。一致性也称完整性、整体性或统一性。在文章的组织过程中，短至一句话，长至整篇文章，都应说明一个主要观点。为了说明这一个主要观点，文章应保持结构和语义上的完整和统一，不应当包含与此中心思想无关的部分。而且，句子各部分之间的关系必须是清楚而又符合逻辑的。

2. 连贯性原则

想要写出一篇完整流畅的文章，除一致性以外，还需要连贯性。英语写作的连贯性原则强调通过合理地布局及恰当地选词，在单词之间和句子之间形成一种自然、流畅、合理的连续关系。该原则表现在篇章组织及过渡的条理性上。

人们通常认为文章连贯性的存在是理所当然的，往往只有人们发现文章缺乏连贯的时候，才会突然意识到它的重要性。缺乏连贯的文章会给读者混乱无序的印象，而连贯性正是解决内容安排顺序和连接问题的重要原则，属于文章形式的范畴。

3. 充实性原则

英语写作的充实性原则主要体现在单词、句式及文章内容的多样性和丰富性上。

英语写作单词的充实性体现在用词的变化上。在重复出现的关键词位置，英语写作往往会适当调整用词，以同义词、近义词或近义短语甚至反义词的各种变化来替代反复出现的内容。英语写作一般会通过在适当场合下调换用词，达到美化文章、展现文采的目的。

句式的充实性体现在造句的丰富性，即句式的变化上。英语语言句式较为丰富，除了基本的陈述形式的简单句外，还有复合句、倒装句、强调句等。句式的变化在英语写作中特别重要，通过灵活地运用能够准确、生动、自由地表达思想。

文章内容的充实性主要强调英语写作要从不同的角度进行论证，每段内容中的例证应做到多样化。

4. 兴趣性原则

人是一个完整的统一体，人的意识、认知、情感会彼此相互影响。任何环节的教学活动都应重视学生的情感体验，注重对学生学习兴趣的培养和主观能动性的发掘，将充满情感体验的活动引进课堂，使学生在具体生动的感悟中促进自身独立人格的形成和发展，这是英语写作教学兴趣性原则的理论依据。

学习兴趣是学习成功的核心要素之一，英语学习的成功与否在很大程度上取决于学习兴趣。如果学生缺乏学习兴趣，学习动机不强，缺乏坚持不懈的主观能动性，就不会积极主动地投入充沛的精力到学习活动中去。英语作为一门实践性、持续性很强的课程，要求学生基础扎实、有文化交际意识，想要一蹴而就便违反了语言习得的规律，是不可能实现的。因此，教师应设法激发学生的写作热情，培养他们的写作兴趣。

学生对某些事物感兴趣或不感兴趣不是与生俱来的。因此在写作教学中，教师完全可以通过自己的精心设计，将学生最初不感兴趣的话题或任务进行转变，使其产生兴趣，从而将外部写作动机转化为内部动机，激发学生的写作潜能。培养学生写作兴趣的方法是多种多样的，如在命题作文中，选题得当能有效激发学生的写作兴趣。例如，爱情、友情、足球等话题往往能有效激发学生的写作兴趣，其在写作时总能滔滔不绝。对于这类话题，教师只需稍加引导，学生就能写出感情真挚，内容充实的文章。另外，在课堂中，写作兴趣的激发和保持也是至关重要的。写作教学课堂中可安排同学互评环节，让学生阅读彼此的作品并写下评语和感受，在相互交流学习中获得成就感，有益于写作兴趣的培养和保持。

（三）英语写作教学新方法

1. 延续性教学法

延续性教学法将写作教学分为三个阶段，每个阶段在整个写作过程中所起到的作用都是不同的。将这三个看似关联性不大的阶段结合起来之后就会产生神奇的结果，那就是一篇具有完整的写作要素的文章形成了，并且文章质量还是较为不错的。不过需要注意的是，教师采用这一方法进行实际写作教学时要认识到，并不是所有的内容都可以采用这一方法得以完美呈现。这主要是因为学生的学习时间是有限的，而学习任务相对较重，不一定有充足的时间和精力投入到相关细节中。

2. 平行写作教学法

平行写作教学法可以理解为教师提前针对要写作的方向给出一篇立意明确的示范性文章以供参考，这时学生还没有着手进行写作。学生可以根据这篇范文得到一定的启发，从而确定自己所写文章的方向和内容，然后再根据自己的理解下笔写作。这样不仅会提高学生的写作速度，还会防止跑题现象的发生。

3. 网络辅助写作教学法

人类迈入21世纪后，信息技术得到了大力发展。计算机技术、网络技术的快速发展和多媒体软件在教学中的广泛应用，为写作教学过程中遇到的一些难以解决的问题带来了福音，因为网络具有以往任何教学方式都不具有的不受时间和空间限制的自由性。网络辅助写作教学法就是从学生的角度出发，在教师的指导和监督下，利用网络技术进行学习的过程。教师在使用网络辅助写作教学法的过程中，可以先给学生们布置一个主题的学习任务，学生经历网络资料的搜集、组织、总结等一系列的过程之后，将这些资料吸收内化，作为写作过程中的素材。这一过程可以有效锻炼学生的自主学习能力，教师的作用就相对减弱了，只是起到监督和指导的作用。

第四章 基于手机APP移动学习的教学模式

第一节 手机APP与移动学习相关论述

一、手机APP

(一) 手机APP的概念

APP是英文单词application的简称，是智能手机、iPad、电脑等移动终端上的一种应用软件。APP需在智能移动设备上进行下载，如安卓手机的应用商店、苹果的App Store、谷歌的Google Play。

手机APP是指安装在移动智能设备上的客户端应用软件，简而言之，就是手机的应用程序。本书中的手机APP主要指手机APP里的教育APP，尤其是可以学习英语的APP。

(二) 手机APP的功能：以英语趣配音APP为例

本书以英语趣配音APP为例，简要介绍该学习软件及其功能特点。

1. 英语趣配音APP简介

英语趣配音APP是一款英语口语学习软件，是一款能够离线使用的配音类英语口语APP。这款APP能够提供比较纯正的英语语言环境，附有最新英语电影、电视剧、歌曲等英语视频资源。学生可以选择任意一款视频，通过配音的方式练习口语，培养自己的英语口语应用能力。丰富的视频符合学生学习特点，容易吸引学生注意力，使他们喜欢上这种学习方式。该APP还有介绍历史文化的英语小视频，学生可以从中了解一些英语国家的相关历史文化，看到不同的生活方式，感受不同文化，提高自身的跨文化交际能力，扩大知识面。

2. 英语趣配音APP的功能

（1）个人学习。该APP内有大量英语视频，学生可以模仿视频里的语句，重复练习，直到最后自己的发音能够与原句匹配，达到与视频中的语音同步，录制完毕可以反复听自己的录音，有自己不满意的句子，可以重新练习并录制。对于视频里出现的生词可以点击翻译，计入生词本，形成自己的生词库，方便以后学习。学生可以在这个过程中练习自己的发音技巧，提升视听、说水平。

（2）小组合作学习。学生自由组合成小组进行配音练习，小组成员扮演不同的角色录制短话剧、电视剧片段等，每一个人都要注意自己的语音语调。结束之后，小组成员之间互相评价，让对方知道自己发音的不足之处，借鉴彼此的优点，最终形成一部配音大戏。有了同伴竞争与合作，学生互相比较谁说得更好，更有感情，更专注，同伴互评的方式使爱表现的学生更喜欢这种方式学习，很好地激发了学生学习英语的积极性。

3. 英语趣配音APP的特点

（1）学生可以根据自己的喜好选择学习内容。这款APP含有丰富的英语课程资源、动画配音、名人演讲配音等，可以提供一个生动有趣的学习环境。

（2）能够锻炼个人的学习能力并加强小组成员的合作能力，使学生享受了配音乐趣的同时加强了相互沟通。

二、移动学习

(一) 移动学习的定义

移动学习是一种在移动设备的帮助下能够在任何时间,任何地点发生的学习,移动学习所使用的移动设备必须能够有效地呈现学习内容并且能提供教师与学生之间的双向交流。

正确理解移动学习的内涵应该从以下几个方面来把握:

首先,移动学习是在数字化学习的基础上发展起来的,是数字化学习的扩展,有别于一般学习。从广义上来讲,移动学习并不是什么新鲜事物,因为在传统学习中印刷课本同样能够很好地支持学习者随时随地进行学习,可以说课本在很早以前就是能够支持移动学习的工具,移动学习一直就在我们的身边。

其次,移动学习除具备数字化学习的所有特征之外,还有它独一无二的特性,即学习者不再被限制在电脑桌前,可以自由自在、随时随地进行不同目的、不同方式的学习,学习环境是可移动的。

最后,从它的实现方式来看,移动学习实现的技术基础是移动计算技术和互联网技术,即移动互联网技术,实现的工具是小型的移动设备,如智能手机、iPad 等终端设备。这些工具具有以下特点:可携带性,即设备形状小、重量轻,便于随身携带;无线性,即设备无须连线;移动性,指使用者在移动时也可以很好地使用。

(二) 移动学习的特征

1. 透明性

透明性是伴随互联、移动和协作而产生的。学生的计划、思考、表现都是在移动的数字媒体上完成的,他们通过社交媒体就可以直接接触本地和全球的任何社群。

2. 娱乐性

娱乐性是移动学习的主要特征，是吸引众多学生参与的重要原因。有了参与的想法，学习就变得有趣，因此娱乐和参与互为因果。在移动学习的环境中，学生经常会遇到一些计划外的数据、领域和协作者，这些动态多变的信息和条件，改变了学习沉闷的基调，使枯燥的学术学习转变为更有趣味的个性学习。

3. 灵活性

对知识不同步的获取是移动学习最重要的原则之一，这打破了传统教育环境的壁垒，学生可以在任何地方、任何时刻，进行一场探索式学习。灵活的时间、充足的内容、恰当的需求使学习体验越来越个性化。

4. 多样性

移动性带来了多样性。因为学习环境是不断变化的，所以会出现一系列的新思想、新挑战，使移动学习的应用方式不断变化，引起学生不断地重新思考。学生的种类是多种多样的，从多变的环境中收集并提供给学生的数据也是多种多样的。

（三）移动学习的应用形式

在高校英语教学中，移动学习已经成为一种越来越流行的教学方式。以下是一些常见的移动学习应用形式。

1. 在线学习平台

在高校英语移动学习中，在线学习平台是一种常见的应用形式。这些平台可以提供多种英语学习资源，包括教材、课件、练习题、学习视频等，还可以支持学生和教师之间的在线交流和讨论。以下是一些常见的在线学习平台。

（1）Moodle。Moodle 是一个开源的在线学习平台，许多高校都在使用它来进行英语教学。它可以提供课件、练习题、学习视频等资源，还支持在线交流和讨论。

（2）Blackboard。Blackboard 也是一个常用的在线学习平台，它可以提供教材、课件、练习题等学习资源，也支持在线交流和讨论。

（3）Canvas。Canvas是一个云端学习管理系统，许多高校也在使用它来进行英语教学。它可以提供课件、练习题、学习视频等学习资源，也支持在线交流和讨论。

（4）edX。edX是一个开放式在线课程平台，它可以提供各种英语学习资源，包括学习视频、练习题等，同时支持学生和教师之间的在线交流和讨论。

（5）Coursera。Coursera也是一个常见的在线课程平台，它可以提供各种英语学习资源，包括学习视频、练习题等，也支持在线交流和讨论。

以上这些在线学习平台都有各自的特点和优缺点，高校可以根据自身的教学需求来选择适合自己的平台，从而更好地进行英语教学和移动学习。

2.英语学习APP

现在市场上有很多英语学习APP，它们提供了各种语言学习资源，包括词汇、语法、口语练习等。通过这些APP，学生可以随时随地进行英语学习。

（1）流利说-英语。流利说-英语是一款获得广泛认可的英语学习APP，它的教学内容包括听说读写四个方面，以及商务英语、旅游英语、口语表达等多种场景，能够让学生更加高效地进行英语学习。

（2）百词斩。百词斩是一款专注于英语单词学习的APP，它的学习内容包括单词、短语、句子等，通过多种学习方式，如记忆卡片、练习题等，让学生更加轻松地掌握英语单词。

（3）番茄英语。番茄英语是一款注重口语学习的APP，它的学习内容包括口语练习、听力练习等，通过利用智能化学习和语音识别技术，学生可以更加流利地进行英语口语练习。

（4）默默背单词。默默背单词是一款注重英语单词记忆的APP，学生可以根据 APP 自带的遗忘曲线和复习功能，巩固背过的英语单词。

这些英语学习 APP 都由我国开发，有着不同的特点和优势，学生可以根据自己的需求选择适合自己的 APP 来进行英语学习。同时，高校也可以推广这些 APP，来提高学生的英语学习效果。

3.社交媒体

在高校英语移动学习中，社交媒体如微信、微博等也可以作为英语学习的工具之一。以下是社交媒体在英语学习中的一些应用方式.

（1）微信公众号。很多英语学习机构、英语教师和英语学习平台都会在微信上开设公众号，提供英语学习资料、学习方法、英语新闻等内容，学生可以通过订阅这些公众号来获取相关英语学习资讯。

（2）微博。在微博上，有很多英语学习博主，他们会分享英语学习心得、英语学习资料、英语词汇、语法等相关内容，学生可以通过关注这些博主来获取相关英语学习资讯。

（3）QQ 群和微信群。很多英语学习群会在 QQ 或者微信上建立，学生可以加入这些群组，和其他学生一起进行英语学习交流，分享学习资料、心得和经验。

（4）视频直播。很多英语学习机构和英语教师会通过视频直播的方式进行英语学习教学，学生可以通过微信、微博等社交媒体平台观看这些直播，提高英语听说能力。

移动学习可以为高校英语教学带来更加便利的学习方式，让学生可以在任何时间、任何地点进行英语学习，提高学习效率和学习效果。

三、手机 APP 与移动学习的关系

（一）手机 APP 与移动学习的载体关系

学习者最初使用手机进行移动学习主要是利用手机短信和网页学习。基于短信的移动学习是利用互联网和无线移动网络的通信来完成的。学习者将学习内容以短信编辑发送到连入互联网的教学服务器，然后将学

习的短信内容进行分析转化,处理,最后反馈到学习者手机。基于网页的移动学习的是指学习者利用手机网页查询,搜索浏览相关网页,在一些在线学习网站实现自主学习,解决个人学习问题。随着科技的发展,智能手机可以下载APP,还可以观看丰富的移动学习视频资源,微信、QQ等即时通讯APP的发展使得移动学习的即时互动功能变得更加便捷。学习者可以通过手机APP轻松实现移动学习,随时与其他人交流,分享学习心得等。相对于传统学习,基于手机APP的移动学习的学习成本更低,开放式的移动学习的资源使得学生不再必须买纸质的书,尤其对于一些偏远地区不便于买纸质书的学生,移动学习的资源降低了学习成本。学习者利用手机APP与同伴、教师交流中不断地更新自己、提升自己。特别是学生在家上网课期间,利用手机APP在家学习,完成教师布置的学习任务。以智能手机APP为载体进行移动学习,手机APP可以记录学习者的学习过程,自动生成个人学习记录,学习者可随时追踪自己的学习,并有针对性地解决自己的学习问题。

(二)手机APP与移动学习的支架关系

支架是指支撑物体用的架子。手机APP与移动学习存在着一种支架关系的意思是,在目前社会,手机APP支撑、推动着移动学习的发展。

2022年8月31日,中国互联网络信息中心(CNNIC)在京发布第51次《中国互联网络发展状况统计报告》。《报告》显示,截至2022年12月,我国网民规模为10.67亿,互联网普及率达75.6%。截至2022年12月,我国手机网民规模为10.65亿,较2021年12月新增手机网民3636万,网民中使用手机上网的比例为99.8%。我国移动设备中手机使用比例是最高的。手机APP为移动学习开辟了一条新的道路,尤其教育APP的出现,是我国移动学习进一步发展的表现。早期的移动学习以短信、彩信为主,从最初的e-learning(电子学习)慢慢过渡到m-learning(移动学习),手机APP为教师和学生创造了新的移动学习的支架。手机教育APP如雨后春笋般出现,使得学习真正地走向自主化、个性化。手机APP移动学习拓展了学习的时间与空间，为教育教学提供创新，改变着传统学习方式。

（三）手机APP与移动学习的终端关系

移动学习终端经历了普通手机（以通信为主的手机）、掌上电脑（便携式个人计算机）、智能手机等阶段的发展。早期普通手机想要获取视频、音频只有从PC端获取，在音质和画面上也不太令人满意。掌上电脑能够连接Wi-Fi，安装不同的APP实现移动学习，但是相对于智能手机而言，掌上电脑不如智能手机小巧、方便携带。智能手机拥有的优势如下：移动性强、重量轻、便于携带、待机时间较长、实时交流性强、能够随时收看和下载多媒体资源、能够迅速处理信息，智能手机的优势相比起其他移动终端更加明显。随着技术进步、手机性价比的提高，手机在移动学习中的占有率越来越高。手机是移动学习的移动终端之一，在现代社会方便了人们的学习，促进了移动学习的发展，在未来手机APP移动学习将会对传统的学习产生更大的影响。手机APP在移动学习中起着重要的作用，极大地便利了人们的学习，解决了人们在学习中遇到的一些问题。移动学习本质上是一种非正式学习方式，利用手机APP学习是目前学习的一种趋势，将来随着大数据、人工智能的发展，基于手机APP的移动学习将会在很大程度上影响学生的正式学习。

第二节　基于手机APP移动学习的教学模式的构建

一、建构依据

（一）经验之塔理论

1946年美国教育家戴尔提出经验之塔理论。他把人类获取知识、掌握技能、培养情感统称为取得经验,按照抽象程度的差异分为3个类别(做的经验、观察的经验、抽象的经验)和10个层次,构成经验之塔塔式图解。他认为,教育教学应从具体经验出发,再到抽象经验,才能促使教育信息有效传递。因此经验之塔也按照从具体经验到抽象经验的顺序,自低向高排列。学习者在获得低层次体验之后,才能够获得高层次的经验。戴尔的经验之塔如图4-1所示。

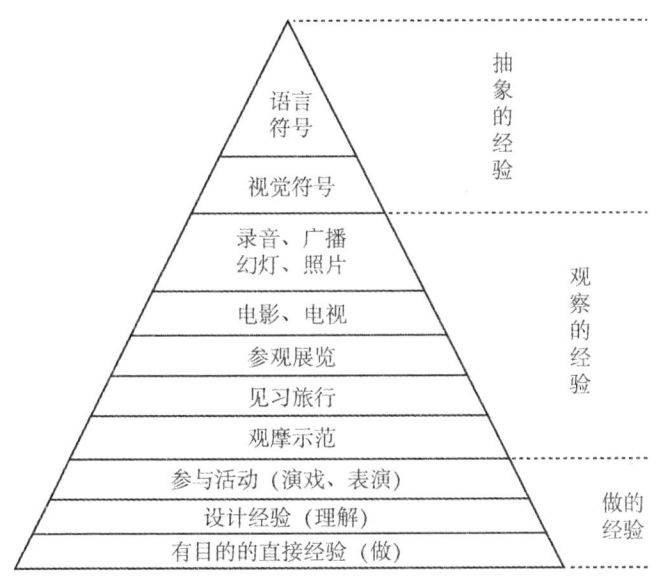

图4-1 戴尔的经验之塔

随着多媒体技术的迅猛发展,教学媒介已经发生了转变,经验之塔中部的视听媒体也应随之变化。教育网站中的有声学习资料、视频教程可供学生按兴趣爱好进行自主学习。网络学校的出现,使学生可以在虚拟教室里,与身处异地的教师通过网络进行沟通和交流。教育技术与教学实践的深度融合,使得原有的经验之塔已经升级为新媒体观下的经验之塔,如图4-2所示。

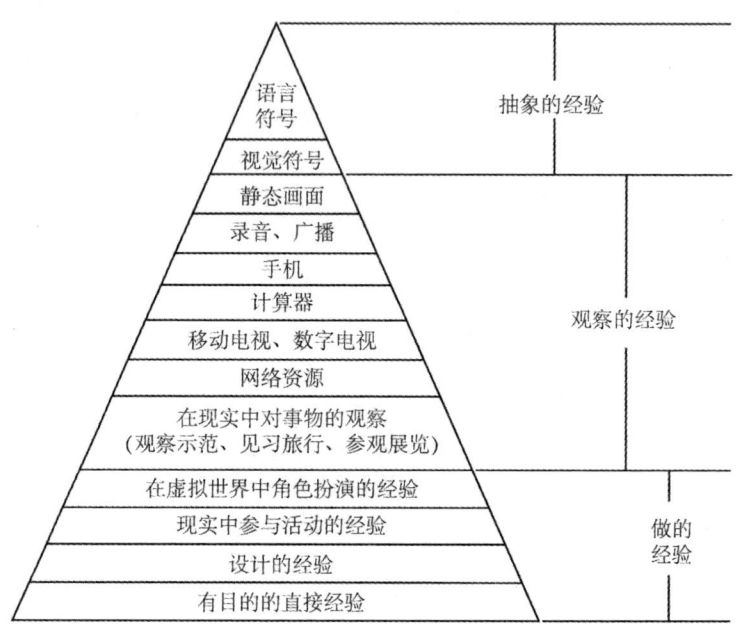

图 4-2 新媒体观下的经验之塔

显然,新的经验之塔模型更符合学习者的认知规律,尤其适合语言教学。语言既是交流的媒介,也是思维的工具。因此,借助视听教育理论和新的经验之塔理论的经验,将多媒体技术融入英语教学,对英语教学模式的改革有积极的指导意义。

教师借助移动终端的 APP 获取丰富的教学资源,使学习内容变得更为具体,有助于培养学生的抽象思维。依据经验之塔理论,运用多种媒体,充分发挥视听感官的功能,有目的地传递教育信息,从而实现最优化的教育活动。经验之塔理论能够将文字、图片、音乐、视频等多种语言、文字信息转化为生动的经验,有利于学生的二语习得。学生所关注的将是学习任务和目标本身,而不是外围的学习工具或环境因素。学生可借助移动 APP 这一教学媒介获取各种教育资源,从具体经验出发,逐步获得抽象经验,实现移动式的自主学习。

（二）混合学习理论

混合学习理念已存在多年，并非教育领域的新鲜事物。我国的何克抗教授是混合学习的首倡者，他在2003年正式提出："将传统学习和网络学习（E-Learning）的优势相互融合，就是混合学习。此过程既要保障教师引导、启发、监控教学过程的主导作用，又要充分体现学生学习的主动性、积极性与创造性。"① 同时，他还提出混合学习本质上是一种螺旋式上升，既是当代教育技术理论的回归，亦代表着未来教育技术的发展趋势。

李克东教授认为混合学习是教育技术领域的流行术语和热门议题，其实质是面对面教学和在线学习两种学习模式的整合，也是人们基于网络学习的反思。②2010年南国农提出，混合学习理论符合教育规律，适合我国国情，对教育改革探索和教育信息化建设具有现实意义。③

近些年我国学者开展各种实验研究，将混合学习理论运用于网络教学平台。结果证明，混合学习既是传统课堂学习与网络学习的有效结合，也是正式学习与非正式学习的有机结合。混合学习正是皮亚杰建构主义理论的深化和升级，这是教育技术理论发展的必然趋势，也是当代教育领域改革的应然选择。要建构基于手机APP移动学习的教学模式，势必建立在混合学习的基础之上，注重信息技术与各学科专业教学的整合，强调信息技术环境下的学科教学设计，体现新技术在教育领域的应用。

（三）泛在学习理论

泛在学习又名无缝学习、普适学习、无处不在的学习，拥有永久性、易获取性、即时性、交互性、教学活动的真实性、适应性、协作性等七

---

① 何克抗，吴娟．信息技术与课程整合[M]．北京：高等教育出版社，2007:98．
② 李克东，谢幼如．融合·创新：信息技术促进高等教育的改革与发展[M]．广州：华南理工大学出版社，2012：239．
③ 南国农．教育技术理论研究的新发展[J]．电化教育研究，2010（1）：8-10．

大特点。泛在学习，广义上是指学习是泛在的，即无所不在的；狭义上是指在计算环境下的一种任何人可以在任何地方、任何时刻获取所需的任何信息的方式，可以使学生在任何地方、任何时刻使用手边可以取得的科技工具来进行学习。到了互联网飞速发展的今天，泛在学习与数字化学习有着方便快速、灵活易得、操作简单的共同特征，越来越多的学习者意识到其重要性。

事实上，随着互联网技术的普及，学习越来越倾向移动化和碎片化，泛在学习获得迅猛的发展，成为学习者获取知识的重要途径。信息技术的使用使我们从传统课堂学习逐渐向电子化学习、移动学习和泛在学习时代迈进。无论是哪种学习方式，都离不开信息的获取和情境的选择，而泛在学习恰好提供了这样一种方式，改变了过去以教师为中心的学习模式，取而代之的是"以学生为中心"的学习理念，也赋予了英语教学更为丰富的意义和内涵。

由于移动通信技术的进步，移动学习逐渐引入泛在学习体系。泛在学习创造智能化的环境让学生充分获取学习信息，克服了数字学习的缺陷，成为数字学习的延伸和升级。构建基于手机 APP 移动学习的英语教学模式，能为学生提供一个泛在学习和移动学习的环境，在此环境下，学生能够自发地、积极主动地学习英语。

二、建构思路

（一）建构目的

首先，适应教育信息化的步伐。"互联网+"和人工智能教育的出现，为英语教学改革打开了新的格局。移动 APP 是电子信息时代的产物，其产生与发展依赖于移动终端，移动终端的性能参数决定着学生的学习成效。移动式的自主学习离不开网络，网络的显著优势就是能为受众提供资源库。资源库拥有丰富的学习资源，这些资源形式多种多样，包括语言、音乐、视频等，容量巨大。

其次，培养学生的自主学习能力。我国教育改革呼吁学生通过多样化的学习方式，获取知识技能、发展核心素养，这就要求教师更新教育理念，改进教学模式。教师在指导学生学习时肩负着重要职责，因此教师在推进基于手机 APP 移动学习的英语教学模式改革时，也要引导学生形成相应的 APP 自主学习模式。在学习过程中，将基于 APP 的英语教学改革和学生的自主学习相结合，能显著提高学生的英语学习效率。还需要明确自主学习的三个含义：第一，学习者指导和控制自己的学习活动；第二，学习者对自己的学习目标、学习方法、学习内容及学习材料自由选择的程度；第三，在教师的指导下，学生根据自身实际和需求制订并完成具体的学习目标。

最后，提升英语的教学效果。教师以移动工具上的 APP 为教学媒介，将教师的集体讲解与学生的独立学习、小组的合作展示与个人的自主探究有机整合，使移动学习与自主学习、合作学习等多种学习方式巧妙结合，开展丰富多元的教学活动，从而实现传统英语教学与 APP 自主学习的完美融合。只有教师积极探索基于手机 APP 的移动学习的教学模式改革，才能在实际教学中提升英语教学质量。

（二）建构原则

建构模型时需遵循三个原则：第一，自主性。指导学生根据自身情况和学习愿望，自主选择 APP 工具和学习方法，调整英语学习进程。第二，能动性。利用 APP 激发学生的学习动机和学习兴趣，充分发挥学生的主观能动性，使学生将学习英语变成内部动机和自发需求。第三，创造性。鼓励学生培养创新素养，合理利用 APP 和现实资源来辅助学习，实现个性化学习和多元化发展。

（三）设计思路

网络赋予了学生新的权利，学生可以根据自身实际需求组织学习活动，享用量体裁衣式的个性化教育。教师引导学生学习，本质上是一种自我管理、各取所需的过程。而自主学习管理的前提是要有充足的学习资源供学习者选择。互联网技术催生了智能设备的大量涌现，基于移动终端的移动学习进行得如火如荼。教育信息化则为基于移动 APP 的自主学习提供了外部环境和使用条件。在此背景下，教师和学生都面临着挑战，教师要改革英语教学，重塑教学理念，学生也要转变学习方式，培养自学能力。教师作为英语教学的掌舵人，要指引学生自主选择 APP 学习资源。在教学改革过程中，教师将传统教学和学生的 APP 自主学习相结合，使学生知识体系更完善，学习效率更高效。这些都为基于手机 APP 移动学习的教学模式构建提供了设计思路。教学模式建构设计思路如图 4-3 所示。

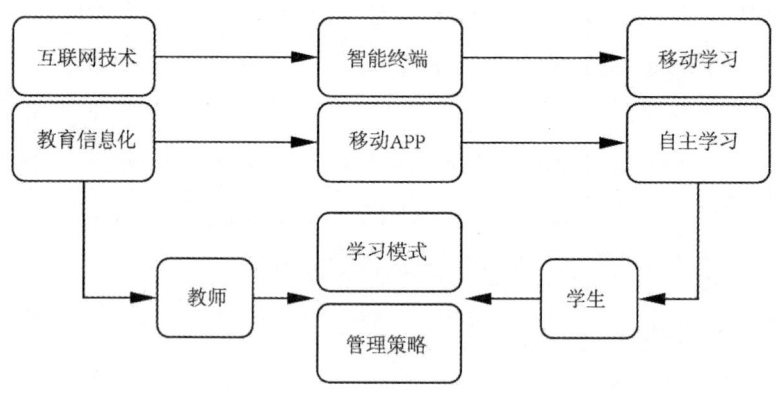

图 4-3　教学模式建构设计思路

三、模式建构

教学模式既包括教师的教学策略和程序，也包括学生的学习方法和策略。只有将传统教学与移动学习结合起来，进行混合教学，才能使二者优势互补，达到最佳的学习效果。建构英语教学模式需遵循一定的操作流程。教师应以学生的学习需求为视角设计教学活动，充分利用课前预习、课上练习、课后复习三阶段，使学生在模拟的语言环境中主动完成对知识的感知、体验、探索、理解、生成和迁移，培养学生善于思考、敢于交流、乐于自学的习惯。基于手机 APP 移动学习的英语教学模式包含课前、课中、课后三阶段，包含教师、学生、移动 APP 三要素，以移动 APP 为教学媒介，以教师为主导，以学生为主体，实现师生互动、人机友好、家校合作。APP 教学模式操作程序和构成要素如图 4-4 和 4-5 所示。

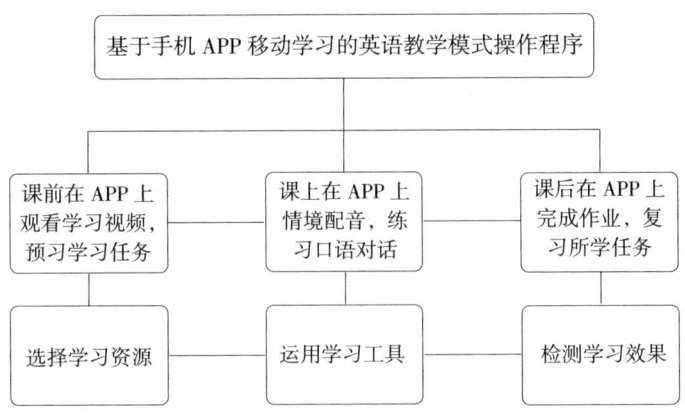

图 4-4　基于手机 APP 移动学习的教学模式操作程序

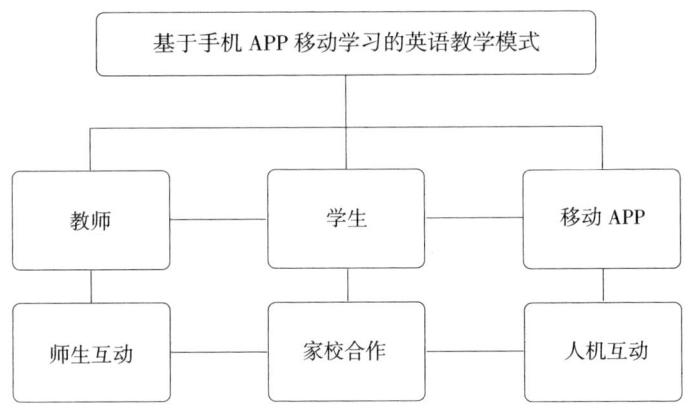

图 4-5　基于手机 APP 移动学习的教学模式构成要素

（一）课前阶段

在课程资源上，借助移动 APP 强大的存储量为学生提供丰富的学习资源，拓宽英语学习渠道。在课前教师可以根据教学需求和学生情况选择适配的英语学习 APP，如听说课选择扇贝听力口语，单词课选择扇贝单词英语版。同时在相应 APP 上筛选适合学生学习的英语资源，为学生提供贴近生活、贴合时代的学习内容，激发他们的好奇心和求知欲。

在目标设计上，基于学生的学习需求，根据学生的学习起点和认知发展规律，设置教学目标和课程难度。创设 APP 班级学习小组，向学生说明 APP 的使用方式和规则。建立竞争和奖励机制，如设置"APP 最佳合作拍档""APP 最佳配音明星""APP 班级好声音"等奖项，从学习兴趣、参与意识、合作情况、APP 问答、对话表演、课堂纪律六方面的依照标准落实，组织学生进行小组对抗赛。课前还可以让学生观看 APP 对话视频，提前预览学习内容，自主完成预习任务。

（二）课中阶段

在课堂练习上，借助 APP 对话功能进行情境口语练习。语言学习只有大量输入，才能精准输出。课上使用 APP 进行配音练习，小组合作进行角色扮演，APP 后台系统打分纠错。

例如，在英语魔方秀 APP 上为电影《花木兰》配音，为学生模拟真实的语言环境，实现情境教学。学生在配音过程中能加深对花木兰这个人物的理解，完成对知识的感知理解、探索体验和生成迁移。通过情景对话表演、英语歌曲演唱、英语词汇闯关等各种活动，充分激发学生的学习兴趣。

在学生评价上，借助 APP 对学生进行多元化、多主体、多媒介、多视角的评价。多元化是指多种方式，如借助流利说—英语的自动打分系统，学生在完成对话后会自动弹出 Great 的字样，并有具体的分数，对学生完成 90 分以上的句子进行统计，并鼓励他们在课堂上向其他同学展示，能极大地提高学生的积极性和自信心。多主体即将教师评价、同伴互评、APP分数评价和自我评价四种方式相结合，改变传统课堂单一的语言评价方式。多媒介是指采用测验考试、问卷调查、观察访谈和成长记录等多种媒介。多视角是指从不同的角度进行评价，如学生在利用英语魔方秀APP进行配音表演时，系统会从语音、语调等多种维度给出评价，也可从完成程度、流利程度、语法等角度出发进行评价。基于手机APP移动学习的学生评价方式如图6-4所示。

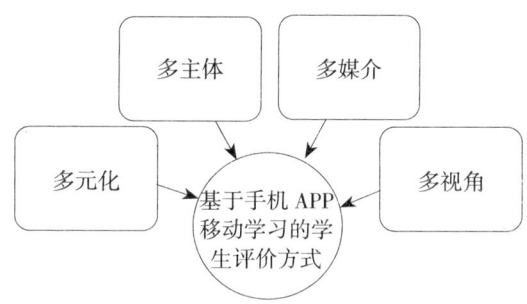

图4-6　基于手机APP移动学习的学生评价方式

（三）课后阶段

在作业设计上，教师要根据APP的课堂学习效果反馈，对作业进行分层设计，采取纸质作业与APP作业相结合的方式，尤其是利用APP的后台布置口语作业。学生可利用APP的打卡签到功能，记录学习时长和学习内容。教师通过后台检测作业完成情况。学生在APP上完成作业，复习所学内容，并利用平台上的答案及解析，对易错点和重难点进行巩固练习。教师鼓励学生在完成作业的同时补充英语学习材料，自主选择APP的版块内容进行学习提升。

在作业反馈上，教师在APP后台批改作业，借助大数据统计功能查看学生作业情况，并根据错误率掌握学生对重难点的理解情况，将学生薄弱的地方单独圈出。通过班级群组公布正确答案，针对易错题进行重点讲解。学生可在 APP 上进行二次练习，巩固所学知识，也可通过 APP 查看作业情况和成长记录。教师通过作业端反馈效果，和学生积极互动，及时反思教学效果，做到教学相长，促使自己的教学水平不断提高。家长也能和教师密切配合，及时掌握学生的学习情况。

四、实现条件

（一）移动 APP 为教学媒介

情境、交互和反馈是移动 APP 的三个基本要素。反馈是学习的生命线，交互和反馈为学生学习搭建桥梁。移动 APP 基于学习者的视角建构知识，集声音、图画、视频于一体，模拟出真实的语言环境。学生通过填词、盲听、跟读、对话等多种方式学习，将学习心得和体验上传至平台分享，得到专家及一线教师的有效指导。这些使用反馈传递给 APP 设计者，可以为 APP 市场提供助力。相较于传统的学习环境而言，移动 APP 创设的虚拟仿真环境更有真实感与存在感，因而更利于学生学习。可见移动 APP 创设的语言环境益处颇多，有助于形成人机友好的良性互动体验。

移动 APP 既是教师的教学媒介，又是学生的学习工具，承担着连接教学和学习的桥梁功能。因此能否妥善恰当使用移动 APP 辅助英语教学，是教学改革成败的关键。移动 APP 发挥的作用主要体现在：激发学生的英语学习兴趣，提高其口语交际能力；为学生提供和同伴交流、互动的平台；帮助学生进行自我评价检测，提供自我反思空间。

（二）教师与学生双边活动

基于手机 APP 移动学习的英语教学，本质是由教师和学生组成的动态的双边教学活动。在此活动中，教师充当组织者和引导者，发挥主导作用。学生作为学习者和使用者，处于主体地位。虽然移动 APP 被应用于英语教学之中，但只作为辅助形式存在，教师仍然在课内外发挥着关键作用。学生虽然能自主使用移动 APP，但是所有的学习活动基本上仍是在教师要求下进行。这向师生双方提出了更高的要求：教师要基于学生的学习基础（即知识起点），帮学生选择合适的应用 APP，提供英语学习支架；利用作业管理平台迅速批改，统计错误率，把握学生对知识点的掌握情况；通过 APP 教师端了解学生学习信息，及时和家长沟通。学生要做到自主选择学习资源，坚持每天打卡学习，获得积分奖励；和同伴进行互动交流，和外教面对面视频沟通；通过小组合作对学习资源进行、加工、处理、再加工、生成，优化英语学习活动。

（三）教师与家长密切配合

移动 APP 使同伴在线互动和教师远程指导完全不受时空限制，能够实现嵌入式和过程性评价，有助于教学评价的顺利进行。但是移动 APP 的学习需要家长的监督和配合。有的学习 APP 拥有教师、家长、学生三个端口，教师可通过教师端建立英语 APP 班级学习群，使用 APP 布置任务。学生可在学生端打开 APP，自主预习、复习相关内容，并针对易错点反复练习；也可绘制思维导图，进行自我监测，随时随地获取学习信息。在此过程中，学生被问题驱动，进行自主探索，并和同伴相互交流，多方论证，从而实现思维碰撞、知识内化和学习迁移。教师仅需打开 APP 作业管理后台，就能迅速收集到作业数据，如完成率、完成时间、错误率等，并根据作业反馈及时处理问题。家长可登录家长端查看教师布置的英语作业，也能看到学生的课堂练习及作业完成情况。也可以通过 APP 学习群及时和教师交流学生的学习情况。通过移动 APP，教师、学生、家长实现及时交流互动，为教学模式的顺利进行保驾护航。

第三节 基于手机 APP 移动学习的教学模式的实践

一、实践的准备阶段

（一）实验设计

前期的教育理论研究和教学模式建构，为教学实验打下了坚实的基础。为验证基于手机 APP 移动学习的教学模式的成效，以某高校大一（1）班和（2）班为样本，大一（1）班为实验班，接受基于手机 APP 移动学习的教学；大一（2）班为对照班，接受传统英语教学，通过一学期的教学实验考察此模式的实践效果。具体的实验方案如表 4-1 所示。

表4-1 基于手机APP移动学习的英语教学实验方案

实验目的	考察基于手机 APP 移动学习的英语教学模式的成效
实验假设	基于手机 APP 移动学习的英语教学模式比传统的英语教学模式更能提高学生的英语学习成绩和自主学习能力
实验样本	XXX 大学大一（1）班54人，（2）班52人
实验时间	2021 年 8 月 25 日—2022 年 10 月 3 日
实验方法	实验班进行基于手机 APP 移动学习的英语教学模式 对照班进行传统的英语教学模式
自变量	基于手机 APP 移动学习的英语教学和传统的英语教学
因变量	英语学习成绩
控制变量	1. 实验班与对照班学生总人数、性别比例基本相同。 2. 实验班与对照班学习风格、英语入学成绩无显著差异。 3. 实验班与对照班任课教师相同，教学观念、教学内容、教学进度基本一致。

（二）实验安排

从硬件设施来看，学校已经实现无线网络全覆盖，每个教室也都配备了多媒体教学设备，有教育触控一体机、投影仪、班班通资源等。教学机处于联网状态，设备情况良好，为教学实验的实施打下了良好的环境基础。学校主动为1班54名学生提供移动设备——iPad，保证人手一部，这些设备属于公共教学资源，管理权仍然在学校，学生只有使用权。

从管理措施来看，学校设有教委会、家委会、学生会等机构，在实行学校常规管理时有原则地吸纳教师、家长及学生的意见，支持班级在遵循学校整体规章下实现自我发展。为使本次实验顺利进行，学校召开了教职工大会，支持班主任推行基于学生个性发展的班级自主学习管理，鼓励教师推行基于移动终端的教学模式。

从实验条件来看，本次教学实验在大一（1）班和（2）班重点实施，其他年级和班级辅助进行，主要以课后和校外自行使用APP的形式作为对日常教学的辅助支持。

（三）实验准备

为保障实验研究的严谨有效，排除无关变量对本实验的影响，在进行实验之前，笔者分别从被试者的基本信息、英语成绩、学习风格三个维度对样本班级进行了调查。

1. 基本信息

被试者的基本信息，主要包括总人数、性别，基本一致，无显著差异。实验班与对照班基本信息对比如表4-2所示。

表4-2　实验班与对照班基本信息对比

组别	总人数	男生	女生
实验组	54	30	24
对照组	52	27	25

2.英语成绩

根据入学英语成绩，对两个班级的成绩从五个分数段进行了统计分析，具体的成绩对比如表4-3所示。

表4-3 实验班与对照班英语成绩对比

组别	优秀 （90分以上）	良好 （80～90分）	中等 （70～80分）	及格 （60～70分）	不及格（60分以下）
实验组	6	14	18	9	7
对照组	7	15	20	4	6

3.学习风格

在选择教学模式和教学方法之前，首先要了解学习者的基本特点，把握其学习风格。学习风格对学生英语学习有着巨大的影响。笔者引用教育界权威的所罗门学习风格自测问卷表，此问卷从信息加工、感知、输入、理解四个方面将学习风格分为4个组对8种维度，能够有效地识别学生的学习风格。笔者通过问卷星发布自测表，对两个班级的学生进行了调查，根据测量结果发现实验班和对照班在学习风格上基本一致。具体对比如表4-4所示。

表4-4 实验班与对照班学习风格类型对比

组别	感悟型	直觉型	视觉型	语言型	活跃型	沉思型	序列型	综合型
实验组	3	5	13	9	8	5	4	7
对照组	3	6	14	10	7	2	4	6

综上所述，从被试方面来看，实验班与对照班的学生从在人数、性别比例、知识基础、英语成绩、学习风格等方面并无显著差异。从主试方面来看，实验班与对照班的英语课由同一教师担任，教师的业务水平、

教学观念、教学内容、教学进度基本一致。因此可以基本排除无关变量的影响，本次教育实验可以正常进行。

二、实践的实施阶段

（一）选择教学APP工具

信息技术的发展使移动APP异军突起，以其简单快捷、丰富有趣、灵活智能的特点吸引了大批用户。"互联网+"教育和人工智能教育理念深入人心，基于手机APP的移动学习风靡全国。近年来英语学习类APP更是层出不穷，成为英语学习者的"移动教室"和"智慧学堂"。

根据应用市场评分，结合实验学生的学习情况，选择流利说—英语、盒子鱼（BOXFiSH）、扇贝单词英语版三个APP作为实验工具。原因在于三个APP的功能和侧重点不同，流利说—英语支持情境练习和系统打分，能提高学生的口语能力。盒子鱼覆盖各个版本教材，能做到同步教材学习并实现家校沟通管理。扇贝单词英语版利用记忆曲线，能攻破学生单词难关。在课内外将这三类英语APP交叉使用，既符合样本学校的学生认知水平，又能满足学生个性化的英语学习需求。

1. 流利说—英语APP

流利说—英语APP拥有语音识别技术，能够为英语口语智能打分这是其核心技术。用户在流利说—英语APP上跟读英文语句并录入后，系统会为其读音打分，如果全句发音准确则该句标绿，一旦有某些单词读音不准则标红。流利说—英语分为轻松学（免费）和定制学（付费）两个版块，能满足广大受众的不同需求。其中轻松学以电影配音、经典台词等形式进行场景化的学习，并鼓励用户分享，尤其适合零基础和初级基础的学生。此外，轻松学还有口语力打卡环节，可记录学生的英语学习时长和累积打卡次数，能有效监督学生的英语自主学习。因此本次实验班级选择流利说—英语APP作为完成英语预习任务和拓展英语课外知识的使用工具。

2. 盒子鱼 APP

盒子鱼 APP 拥有庞大的智能课程体系，包含不同版本的各科教材。盒子鱼 APP 有教师端、家长端、学生端三个端口，能够在家校合作的基础上帮助学生实现自主学习。因此在实验班级选择盒子鱼 APP 作为课后布置作业的主要工具。由教师在盒子鱼 APP 教师端注册，并组建班级，家长和学生分别注册并加入班级。

3. 扇贝单词英语版

扇贝单词英语版 APP 将柯林斯高阶词典引入单词学习流程，首创智能启发式的单词记忆方法。该款 APP 能根据学习者的基础和学习效果，动态调整学习材料和呈现方式。并且在学习单词时，会呈现不同的图片，让学生通过图片和线索联想猜测，而非直接给出单词释义。扇贝单词英语版能帮助学生从易到难循序渐进地记忆单词，并且根据艾宾浩斯的遗忘曲线理论复习单词，这完全区别于之前死记硬背的单词记忆方式。因此在实验班级选择扇贝单词英语版 APP 作为词汇学习课和课外记忆单词的主要工具。

（二）制定管理规则

由于 iPad 属于学校的公共教学设备，因此需要实验班级对 iPad 进行妥善管理，并制定相关的管理细则。在本次教学实验开展前，召开"自主学习从我做起"的主题班会，制订 iPad 管理办法，并向学生宣传移动 APP 的使用细则。班主任运用班级管理策略引导学生制定目标、调整心态、自主学习。英语教师和班主任相互配合，对使用移动 APP 的课堂进行管理监控。

在大一（1）班成立 APP 管理小组、APP 监督小组和 APP 学习小组，负责 APP 的专项工作。同时在班级建立 APP 学习群，设置小组长和组员，明确个人分工。由 APP 管理小组的专人负责教学 iPad 的发放和收集，每次使用之前确保 iPad 上已经下载并安装好相应的移动 APP，并且检查 iPad 的电量、网络、运行情况。定期对 iPad 进行充电和维护。由 APP 监督小组负责 iPad 的日常使用监管,避免人为损坏。另外,由 APP 学习小组的专人负责 APP 后台练习及作业收缴情况,并定期将情况及时反馈给教师和家长。

(三)推行教学模式

1.课前预设学习内容,激发学生兴趣

在推行基于手机 APP 移动教学的教学模式时,iPad 是重要的智能工具,APP 是关键的教学媒介,而家校合作和师生互动是必备条件。智能终端和移动 APP 为教师的英语课堂教学注入了新的活力,以学生为主体的教学理念为传统的英语教学和移动学习的有效整合提供了新的思路。

教学活动的安排具体如下:课前教师将预习作业布置好,通过教师端发布在 APP 中。由班级的 APP 管理小组负责以小组为单位将 iPad 发放到学生手中。学生在 iPad 上完成预习任务。后台对学生预习作业的对错自动进行数据统计,教师通过教师端查看错误率,将预习任务的答案同步投放在教学媒体班班通上,让学生在 iPad 上纠正自己的错误。

2.课中进行配音练习,实现情境教学

随着教学互动的开展,利用 APP 进行对话练习。教师通过班班通资源呈现本节新词,让学生边学边读。在学生掌握单词和句子的基础上,给学生出示一道看图填词的题,要求学生根据图片用所学单词进行填空。学生完成后,让学生在 iPad 上进行双人对话练习,要求学生能与同伴就新学内容进行问答。准确完成一轮对话后,要求学生交换角色进行角色表演。教师根据盒子鱼后台统计得分率高的学生小组,将他们的对话片段分享至班班通,使学生感知正确的语音、语调。

在学习新授知识后,利用移动 APP 让学生在 iPad 上进行小组合作情境配音。学生进行听力训练,通过班班通资源播放听力练习题,要求学生将听力材料正确排序。再次播放听力,要求学生能用正确的语音、语调跟读材料。学生在 iPad 上观看视频，学生在观看同时要回答教师提出的问题。

学生在 iPad 上记录答案，并上传至后台。教师自动统计错误率，并对学生的回答进行点评。在学生基本掌握本节的重难点的基础上，邀请学生以小组合作的形式为 iPad 上的故事进行情境配音，并和外教进行在线交谈。并将优秀的学生配音当场分享至班班通，对学生给予评价和表扬。

3. 课后在线批改作业，巩固学习效果

教师通过盒子鱼教师端布置作业，在纸质作业上布置习题，移动作业是在 APP 上对当日所学内容进行口语复习。要求学生对 APP 口语练习进行打卡，并将自己在练习过程中得分最高的句子上传至班级群，由 APP 学习小组负责记录各组学生的打卡情况及得分。家长也可以登录盒子鱼家长端，了解学生本节课的课堂表现及学习情况。课堂结束后，由 APP 管理小组负责将 iPad 以小组为单位统一收集，检查后放至 iPad 管理柜。教师利用 APP 布置预习任务，学生在家通过流利说—英语 APP 的轻松学版块，自行学习新课程内容，并将学习时长、学习得分截图发至班级群，要求学习时间在 10 分钟以上。由 APP 学习小组记录合格与不合格人数。

三、实践的结果分析

（一）横向对比

以某高校大一学生两个班级（1 班和 2 班）期末统考成绩为例，从横向对比上看，1 班（实验班）82.32 分，2 班（对照班）80.16 分，实验班成绩高于对照班成绩。差异正在逐步缩小。这证明在高校开展的教学实验取得了一定的成效，学校整体英语成绩得以提升。尤其是在实验班利用英语 APP 辅助教学，能有效地提高学生的英语成绩。

（二）纵向对比

从纵向对比来看，与入学成绩为例，对比入学成绩的优秀、良好、中等、及格、不及格五个等级，实验班的优秀、良好和中等人数增加较多，及格和

不及格人数相较入学成绩则有明显减少。对比之下，对照班的优秀和良好人数也有所增加，及格和不及格人数也有所减少。

这说明传统的英语教学依然发挥着巨大的作用，通过系统的英语学习，学生能够提升自我。而基于 APP 的英语教学，更能提升班级的整体英语成绩，尤其是提高优秀和良好学生的英语成绩。这也反映出对于 APP 的使用，不同的受众效果不同。对于成绩优异的学生来说，移动 APP 学习无疑如虎添翼，有助于拓宽其英语视野，提高其英语学科核心素养。而中下游成绩的学生英语基础薄弱，对移动 APP 的教学模式接受能力也相对较差。如表 4-5 所示。

表4-5 实验班与对照班英语成绩对照分析

实验前后	优秀（＞90分）	良好（80-90分）	中等（70-80分）	及格（60-70分）	不及格（＜60分）
实验班前测	6	15	18	8	7
实验班后测	8	18	22	3	3
对照班前测	6	14	20	7	5
对照班后测	7	15	20	6	4

第四节　基于手机 APP 移动学习的教学模式的优化

一、教师层面

（一）构建和谐师生关系

良好的课堂管理是教师成功的一半，课堂管理应该是拉近教师和学生距离的最好途径。无论推行何种教学模式，构建良性和谐、宽松平等的师生关系是重要前提和基本砝码。只有师生友好互动、同学之间良好互动，才能使学生放松心情地学习，才能极大地促进教师和学生的平等的直接交流。因此教师要组织建立和谐相融的课堂人际关系，为学生的英语学习营造良好的氛围。教师要明白，在基于 APP 移动学习的教学模式的推进过程中，自己不只是知识的传授者，还充当着学生学习的引导者、管理者和辅助者。英语课堂要以学生为中心，保障学生的主体地位，促使其发挥主动性和积极性，为学生能够顺利进行自主学习提供保障。教师要做好学生的帮助者和引路人，以扎实学识和仁爱之心进行英语教学，结合移动 APP 凸显学生学习的主体地位。

（二）优化移动教学设计

整合网络信息技术，将移动 APP 与传统课堂教学相结合，对资源呈现模式与教学模式进行新的构想与设计，是改善相关问题的关键。要实施基于手机 APP 移动学习的英语教学模式，教师就要改变过去学生被动学习的局面。教师要主动构建情境，在设计教学流程时要采用启发式教学，如在英语写作课上，先观看 APP 上的优秀写作案例，指引学生确定目标，再通过设问等方式调动学生积极性。接下来给予学生发挥学习潜能的机会，然后集体讨论解决问题，教师讲解并解答疑惑，最后将移动

APP 上的优秀写作案例展示给学生。另外，教师要特别重视 APP 反馈启发这一模块的设计，总结教学不足，优化移动教学设计。

（三）精选网络教学资源

互联网技术的飞速发展对传统的英语教学提出了新的要求，教师需对教学内容进行数字化和信息化处理，丰富英语教学资源，拓宽英语学习渠道。教师要帮助学生精心筛选，根据学生的认知发展水平，选择真正适合学生基础的数字化教学资源，避免学生以 APP 网络学习为由，做与学习无关的事情。教师要有创新意识，勇于探究，不断更新自己的教育理念，同时乐于放手，努力创造条件让学生进行移动学习。通过利用移动 APP 上的各种教育资源，充分调动学生的积极性，确立学生的主体地位。同时对于基础薄弱的同学，要多加引导鼓舞，使移动 APP 真正成为学生的指尖学习利器。

（四）采用多元评价方式

无论采用何种教学模式或学习工具，英语教学的最终指向都是发展学生的核心素养，提高学生的语言能力。而要实现这一目的，离不开教师和学生的双向互动。如果说构建和谐师生关系是前提，优化移动教学设计是保障，精选网络教学资源是关键，采用多元评价方式则是助力。这四个方面环环相扣，相辅相成，构成教师指导下学生使用 APP 学习的整体流程。区别于传统的教师评价方式，基于手机 APP 移动学习的教学模式向教师提出了更高的要求，即教师要依据学生认知基础的差异，采用多元化的评价方式，既要实现评价的多渠道和多元化，又要保证评价的合理全面和科学公正。教师不仅要选择合适的评价工具，采取完善的评价机制和有效的评价措施，还要鼓励学生积极参与英语配音、APP 合作闯关等活动。最终目的在于形成 APP 评价、学生自评、同伴互评、教师评价相结合的评价机制。

二、学生层面

（一）明确学习目标，制定学习计划

学生要培养自身的目标意识，自觉拟定学习规划，积极参与基于手机 APP 移动学习的英语课堂。根据英语课程目标、学习起点和个人的发展需求，进行自我评估，设置自己能够达到的个人目标，包括短期目标和长期目标。这样学生就会为了目标而不懈努力。学生可依据自己的兴趣、爱好，去自主发现、主动探索。除了学习资源库，学生还可自行利用 APP 搜索相关内容，去探索更多的学习资源。学生要充分利用 APP 学习工具的自我评价系统，记录学习情况、打卡记录、测试详情等，自定步调，明确学习目标，制定学习计划。

（二）加强自我监控调节

自我观察、自我判断和自我反应是人们对行为的自我调节的三个过程：主动、自觉、独立。学生应正确使用移动学习类 APP，利用 APP 的打卡和签到功能，加强自我监督，培养自学能力。例如，利用英语学习 APP 的分组学习功能，在学习小组中合作学习。在面授课堂中，教师建立学习小组 QQ 群、微信群或 APP 群。通过建群，小组成员将学习疑点共同探讨，用英语相互交流，共同完成小组学习任务。学生也可将学习小组延续到课堂之外，利用 APP 继续进行自主学习和小组研讨，根据自身的英语基础和学习情况调整学习时长，进行实时交流、协作学习。同时学生要善于利用英语 APP 的交互功能，及时增强学习信息的流通，加强自我监控调节，并检测学习效果，拓展知识面，提高自主学习效率。

（三）提高自主学习能力

无论是传统课堂的纸质教学，还是基于 APP 的移动学习，学生始终是学习的主体。如何提升语言综合运用能力和核心素养，提高自己的自

主学习能力，是学生所有学习活动的出发点和落脚点。随着"互联网+"教育的开展，学生已然步入基于 APP 的移动式学习的新时代。提高自主学习能力是重要标杆，学生在学习活动前要做好学习准备，在学习活动中要根据自我反馈及时调整学习方法，在学习活动后要针对学习结果进行自我评价和自我反思。具体可以从四个步骤入手：选择合适的 APP、采用恰当的学习策略、调整英语学习内容、实现自我激励评价。这四个步骤环环相扣，恰好对应了课程目标、课程内容、课程实施、课程评价四个步骤。

（四）实现自主学习管理

"互联网+"教育给予了学生更广阔的学习空间、更便利的学习方式和途径，学生可以根据自身的知识和认知水平等因素，更加自由地选择适合自己的学习方式、学习时间、学习途径和学习类型，最大限度地发挥自主性和能动性，从而有效地提高自主学习的效率。例如，学生可以通过参与 APP 移动社区和同学进行比赛，在学习语言文化的同时提升交际能力。然而基于手机 APP 移动学习的英语教学改革不只依赖于教师的引导，更要求学生有一定的自我监控意识和自我管理能力。学生要对学习有自我规划、自我指导和自我控制的意识和能力，通过自我监督、自我激励和自我评价，进行自主实践。学生要意识到自我管理能力对自身发展的重要性，逐步提升自身的自我调控能力和自我管理能力。学生自主学习实现路径如图 4-7 所示。

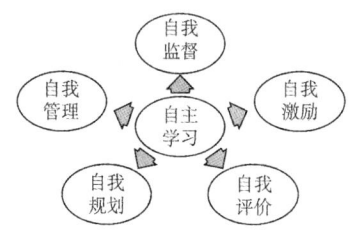

图 4-7　学生自主学习实现路径

第五章 基于微信公众平台的交互式学习模式

第一节 微信公众平台与交互式学习

一、微信公众平台

(一) 微信公众平台的概念

微信是腾讯公司在 2011 年推出的一种手机支持的、类似 QQ 一样的实时通信软件,经过这几年的发展,已经成为大部分智能手机用户常用的手机软件之一。现在通信效率要求越来越高,微信作为一个联合各种渠道的信息传播工具,可以通过网络的发展实现其充分扩散的作用。人们可以通过微信充分挖掘潜在的智能移动终端用户,自动搜索用户常用的文本、视频等资料,并为用户进行实时传送,取得用户的信赖。

微信公众平台作为一个开放的公众平台,任何组织都可以利用微信开发接口,建立第三方服务平台,从而可以把用户和平台进行无缝连接。通过这个开放的平台,用户可以实现对个人信息的管理,以及设置自己想要的权限等功能。

(二) 微信公众平台的特点

1. 支持丰富的信息类型

作为一种新兴的信息传播平台,微信公众平台支持包括文字、图片、视频和语音、超链接等多种常见媒体形式，凭借更新快、回复快、成本低、可转发等特点，成为日常人们生活和工作中获取信息和知识的有效途径。

微信公众平台运用于移动学习领域，具有良好的使用体验、庞大的用户群体和方便的传播功能，为移动学习者提供了更多的学习选择和更加丰富的交流方法。更为重要的是，与录制微课程不同，微信公众平台内对于已经制作好的素材可以进行长期的保存，可随意进行修改，对于拥有循环特点的教学来讲，方便教师不断地进行补充和修改，减轻了教师的工作量。

2. 拥有完善的互动功能

微信公众平台自推出以来，一直进行着不断地更新和改变，功能逐渐完善。2014年，微信公众平台新添加投票、语音、菜单等功能，更加适合与教育教学相结合。

通过投票功能教师可以及时了解学生对于学习内容的掌握程度；语音功能为教师与学生进行语音生动互动提供可能；自定义菜单和关键词回复的功能使得微信公众平台可以成为学习者自主学习和开展人机互动的有效途径。这些互动功能可以促进师生之间的交流，有助于学生之间协作学习、激发学生学习兴趣、有效利用碎片化时间和课后时间进行自主学习。

3. 强大的后台分析统计功能

作为一款基于商业运营的社交平台，微信公众平台拥有强大的即时统计功能，包括用户分析、图文分析、菜单分析、消息分析和接口分析等功能，每一项分析都包含着各种图表和数据，能够清晰地呈现微信公众平台运营的情况。这些功能为实验的开展和研究提供了翔实的数据，同时为设计和改进下一步策略提供参考。

具体内容如下：推送阅读数据统计，包括图文页阅读次数、原文阅读次数、分享转发次数、微信收藏人数；订阅人数统计，包括新增人数、取消关注人数、净增人数、累计人数；用户属性统计，包括性别、语言、省市、城市、终端、机型；所有的数据均提供数据和图表两种显示形式；除此之外，还包括投票统计、菜单点击统计、消息关键词统计等数据统计功能。

4.利于学习者开展碎片化学习

微信主要通过手机客户端进行搭载，摆脱了台式机的束缚，可以随时随地进行办公和学习。作为一个开放的平台，用户可以随时随地的打开微信公众平台接收消息，开展学习。微信公众平台对于推送的视频、图片、语音、音乐具有一定的限制，符合碎片化学习的理念。学习者可以将内容进行分享、转发和收藏，拉近了学习者之间的距离，让学习者随时随地、轻轻松松就能进行学习，不受到时间和空间的限制，方便开展碎片化学习。

（三）基于微信学习的理论基础

1.认知负荷理论

认知负荷是为了完成某项任务而在工作记忆上所进行的心智活动所需要的全部心智能量。认知负荷理论认为人类的认知结构由工作记忆和长时记忆组成，其中工作记忆也成为短时记忆，它的容量是有限的，一次只能存储5～9条基本信息或信息块。在处理信息时，工作记忆一次只能处理2～3条信息，因为存储在其中的元素之间的交互也需要工作空间，这就减少了能同时处理的信息数。人们在进行学习时，长时记忆是学习的中心，如果长时记忆中的内容没有发生变化，则不可能发生持久意义上的学习。在设计微信公众平台的学习内容时也要注意课程信息容量的大小，应适合于学习者的工作记忆所能加工的信息容量，如果超出了学习者工作记忆所能加工的信息容量，将影响学习者的学习效果。

所以，在设计、安排微信公众平台学习内容时要尽可能减少外在认知负荷，减少与学习内容无关的信息，增加关联认知负荷，并使总的认知负荷不超过学习者个体所能承受的认知负荷范围。

2.非正式学习理论

非正式学习这一术语是劳勒斯于1950年正式提出的。北京师范大学的余胜泉等在《非正式学习——e-Learning研究与实践的新领域》一文中明确了非正式学习理论的定义,他认为非正式学习是发生在非正式学习时间和地点,不是通过常规的教学课程来传递知识的学习方式,非正式学习通常是由学习者自己发起的,在学习过程中进行自我调控、自我负责;非正式学习和正式学习最大的区别就是正式学习是发生在固定的场所(如学校),由外界组织发起教学活动的学习方式;而非正式学习则是由学习者自身发起的,不依赖于他人,积极主动进行学习的方式[①]。

非正式学习理论为基于微信公众平台的交互式学习提供了理论依据。基于微信公众平台的交互式学习让学习者可以随时随地地开展学习,通过不同形式的教学设计,让学习者在不同的情境下进行各类知识学习和听、说、读、写等方面的训练。

二、交互式学习

(一)交互式学习的概念

交互式学习是20世纪70年代出现的一种全新的教学方法。交互式学习作为一种全新的教学方式,强调师生之间的沟通和交流,对传统教学中师生的课堂位置进行了适当的转变,突出学生在课堂上的角色,并对教师的教学行为进行了重新地界定和规范。

远程教育中有三种重要的交互形式:师生交互、生生交互及学生与学习资源交互。该分类奠定了远程教育教学交互的基础。交互式教学最为突出的特点在于对语言的充分应用,通过语言创设真实自然的教学环

---

① 余胜泉,毛芳.非正式学习:e-Learning研究与实践的新领域[J].电化教育研究,2005(10):19-24.

境，使学生能够开展有意义的学习。交互式教学对传统的教学方法进行了大胆的改革和优化，通过教师与学生之间的相互作用，提高了学生的参与积极性和学习主动性，进而达到提高教学效果和教学质量的目的。

随着网络时代的到来和智能手机的普及，交互式教学又有了新的应用方式。通过网络和新媒体开展交互式学习，使得交互式教学由过去传统的课堂上师生、生生间的交互转移至网络平台上进行，为移动学习提供了新的思路和方式。对于提升学生英语能力，培养学生自主学习能力，丰富学生的课余生活都有着积极的影响。

（二）交互式学习的特点

交互式学习的重要性越来越多地受到教育界专家学者的重视。在传统教学中，师生间的交互多集中于课堂且受限于课时数，交互严重不足。随着信息技术和教学理念的不断更新，教育信息化的发展进程越来越快。我国愈加重视教育信息化工作。与此同时，线上交互式学习成为国内外教育界的研究热点，它打破了传统的教学模式，为移动学习时代提供了更为多样的选择。交互式学习具有以下几个特点：

1. 注重师生、生生互动

交互式学习将课堂中心转向师生互动、同伴协作和交流，构建了师生、生生间平等交际的平台，使学习在协商和合作中进行。另外，交互式学习充分实现了以学生为中心的个性化学习，是人本主义在教学中的具体体现。它打破了传统教学的局限性，让学生有更多的体验机会，随时随地进行形式多样的交互，教学变得更加灵活，学生的学习由被动变为主动，促进对知识的理解，重视学习方法与学习过程。

2. 培养自主学习能力

交互式学习往往需要学习者在课后主动地搜集、浏览学习内容，这种学习方式是以问题或主题为中心且具有创造性和再生性。学生参与到课后的学习任务或小组任务，对于提高学生的自主学习能力、创新能力，培养学生的批判性思维、合作精神、分享意识都有一定的帮助。

交互式学习的开展不仅需要加强对学生的学习引导和评估,还要注重师生间交流和监督,在教学和实践中不断改进教学方法。

(三)交互式学习的理论基础

1. 建构主义学习理论

学习是学习者主动接受外部知识,通过外部环境和学习者发生相互作用,促使学习者完成意义建构的过程;其中学习包括建构意义系统和建构意义两个部分。其强调知识不是通过教师传授得到,而是学习者在一定的情境即社会文化背景下,借助其他人(包括教师和学习伙伴)的帮助,利用必要的学习资料,通过意义建构的方式而获得。建构主义指导下的教学是在教师的帮助和指导下,以学习者为中心,充分发挥学习者知识建构的主体作用,为学习者创设情境,通过组织协作学习等活动促使学习者进行意义的建构。建构主义认为学习环境中由"协作""情境""意义构建"和"会话"组成。

与传统的教学设计相比,建构主义学习环境下的设计强调以学生为中心,充分发挥学生的主动性,体现出学生的首创精神。建构主义理论中倡导的支架式教学、抛锚式教学、随机进入教学等方法对于交互式学习都有一定的指导意义。

在微信公众平台的教学设计中教师应本着以学习者为中心的观念进行指导,创设良好的学习情境,激发学生的学习兴趣,组织有意义的交流讨论和互动活动,使用适当的教学策略进行设计,让学习者通过协作学习将原有的知识经验和新的知识进行有效联系形成意义构建,发挥学习者间共同交流、讨论的优势,进行自由探索和自主学习,从而促使微信公众平台发挥最大效用。

2. 联通主义学习理论

联通主义学习理论是由加拿大学者乔治·西蒙斯在《联通主义:数字时代的学习理论》一文中提出的一种以教学交互和创新为核心的学

习理论，一经提出便受到国际社会的普遍关注。它是基于数字媒体、Wep2.0、信息技术快速发展及知识爆炸的信息时代催生出的学习理论，被称为："数字时代的学习理论"。联通主义学习理论强调学习者根据自身需要展开与小组、集合体和网络的交互，并且学习者与集合体、社会网络之间的交互将成为更加重要的交互方式。

联通主义学习理论作为数字化时代的产物，是互联网派生出的一类新的学习方式，其更加适用于交互式移动学习领域研究。人们可以在社交网站上发布自己的想法、链接，也可以分享他人发布的内容，增加学生间的互动性。微信公众平台丰富和扩展了学习者开展交互式学习的方式，学习过程中的交互方式更加多样、周期变短、频率激增、深度提高、效率增加，可以帮助学习者建立个性化、高质量的个人学习环境和个人网络空间。将联通主义学习理论深入到基于微信公众平台的教学与实践中，揭示联通主义学习理论的特征和规律，对于发展、传播和完善联通主义学习理论有着重要的意义。

第二节 基于微信公众平台的交互式学习模式的设计与应用

一、研究设计介绍及说明

本文运用问卷调查法、文献研究法、行动研究法和访谈法等多种研究方法对基于微信公众平台的高校英语交互式学习模式进行系统研究。对上海某高校大学公共英语课程开展实验和跟踪调查，实验主要面向2个班级30名同学进行实验，并面向微信公众平台的429名订阅用户分别进行2轮的问卷调查，以提高问卷的数据准确性。

本次研究从2021年7月开始至2022年1月结束，历时六个月，前期笔者对学生样本进行了初步的了解，并亲自走进班级，与参与实验的学生进行交流和沟通，通过讲座的形式对该项研究的背景、目的、过程和要求等方面进行了细致的讲解，以得到实验学生和授课教师的支持和理解。研究设计项目及内容介绍如表5-1所示：

表5-1 研究设计项目及内容介绍

序号	项目	具体内容
1	研究教材	对教材进行分析
2	确定研究对象	联系研究院校
3	前期调研	学习者分析
4	项目介绍	召开项目介绍讲座
5	确定研究计划	研究教材、推送计划
6	测试	对微信公众号进行测试
7	第一阶段研究	开展每日的推送
8	问卷调查	以内容为中心开展调研
9	第二阶段研究	开展每日的推送
10	访谈	对教师、学生进行访谈
11	第三阶段研究	结合互动活动开展每日推送
12	问卷调查	以形式为中心开展调研
13	总结	对研究进行全面总结
14	问卷调查分析	对问卷调查分析进行分析
15	结论撰写	结论撰写

二、准备阶段

（一）学习者分析

本研究选取上海某二本高校的大一金融学专业的两个班级进行实验。

其中两班根据高考英语成绩平均分班，A班15人，B班15人，两班基础英语课程由同一位老师授课。通过前期与基础英语授课教师、辅导员老师及班级学生的访谈中汇总出学生以下几个学习者特点。

（1）学生刚刚进入大学学习，处在自我适应和调整的阶段，对于大学阶段的学习方法和要求还不是很明确。

（2）据前期调查，班级中所有学生都拥有智能手机。班级同学中，微信的使用率也已经达到100%。部分同学认为辅导员老师会通过微信发送各类通知、消息，平时与同学、家人、朋友沟通和交流也主要通过微信软件进行。

（3）学生对于今后的长远规划虽不具体，但是学习积极性较强。此外，学生英语水平有限，在互动交流中频繁遭遇语言表达方面的障碍，使得互动无法正常进行。学生的口语表达能力存在较大个体差异，互动时口语基础较好的学生往往会主导讨论，而考虑欠佳的学生很难参与进去，渐渐失去兴趣。

（4）班级同学由于刚刚组建班级，大家相互间还没有足够的熟悉，很多同学还是多与高中同学通过微信、QQ等平台进行联系，班级同学间彼此了解还不够。

综合以上对学习者的几点分析，笔者认为在实验班级中开展基于微信公众平台的交互式学习模式可能会对以上几点问题提供有效的解决方式。

（二）学习目标分析

本实验教学内容选取大学公共英语课程，实验对象选定为上海某高校的金融学专业班级学生，该专业对于英语的要求较高，英语课时比重较大，学生对于英语学习较为重视。通过年级英语调研组的教学进度和任务，综合该校英语课程大纲，确定教学目标为以下几点实验目标。

（1）能够跟随教学进度，按时推送与课程相匹配的内容，督促学生及时完成与课堂同步的预习、复习任务。

（2）使学生完成微信公众平台中提供的课程补充材料和其他文化、历史、新闻补充材料，培养学生通过微信公众平台进行学习的习惯。

（3）提高词汇量，掌握平台推送的课程配套单词。

（4）在微信公众平台的使用过程中，初步培养学生的英语综合应用能力，特别是听说能力，同时增强其自主学习能力，提高综合文化素养。

（三）学科特点分析

高校英语教学是高等教育的一个有机组成部分，高校英语课程是大学生的一门必修的基础课程。高校英语是以外语教学理论为指导，以英语语言知识与应用技能、跨文化交际和学习策略为主要内容，并集多种教学模式和教学手段为一体的教学体系。选取英语作为实验课目，可以使实验具有一定的普及效果，同时，选取实验科目也是由微信公众平台交际功能和英语课程的学科特点所决定的。

（1）大学公共英语课程是我国高校中最为普及的学科，全国绝大多数高校开设此课程，学生分布广泛。各高校尤为重视学生的英语水平，加之大学英语四、六级考试的要求，以及学生就业及用人单位对于英语水平的要求，广大高校学生对于英语学科普遍重视。

（2）英语学科不同于其他大学专业学科，学生基本上自小学或初中起便开始学习，在大学前就有了一定的基本功，掌握了一定的英语自学方法，这有利于学生在课余时间开展自主学习。此外，英语学科作为重应用的一门学科，需要学习者长期进行听、说、读、写、译等各方面的不断练习，才能保证英语水平的稳中有升。

（四）模式构建分析

根据交互式学习理论和微信公众平台特点，笔者设计了基于微信公众平台的英语交互式学习模式，如图5-1所示。

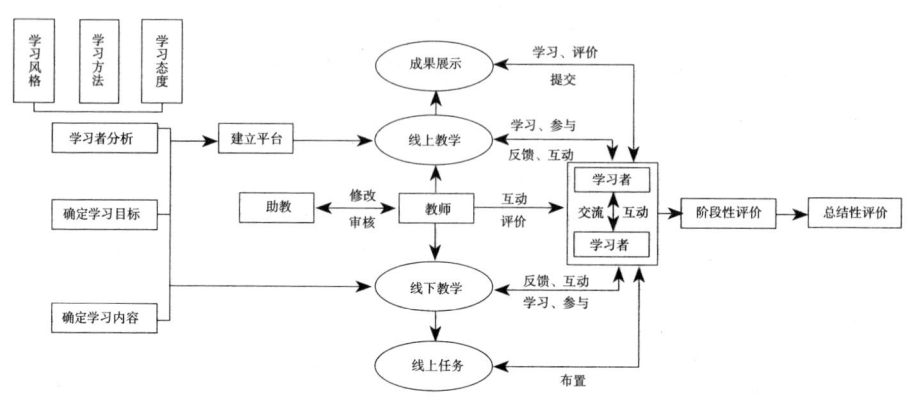

图 5-1 基于微信公众平台的英语交互式学习模式

（五）应用设计分析

基于设计的研究（Design-based Research，简称 DBR）起源于学习科学研究领域，其目的是在真实情景中，以研究者与实践者的协作为基础，通过分析、设计、开发和实施的反复循环来改进教育实践，并提炼对情境敏感的设计原则和理论。依据基于设计的研究指导，结合本文实验对象和内容的特点，笔者选取部分内容设计了研究方案，基于设计的研究方案如图 5-2 所示。

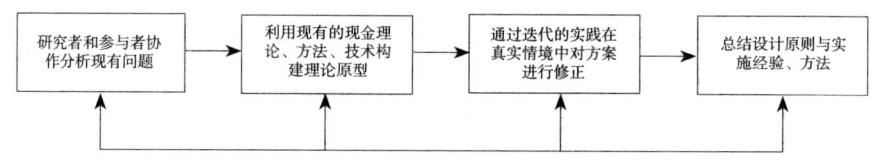

图 5-2 基于设计的研究方案

通过对该研究方案的借鉴，将本研究的具体实施方案归纳如下：首先，通过前期分析，对实验对象、课程特点进行分析，制定学习目标和实验策略；其次，基于微信公众平台的交互式学习模式，以"大学公共英语"课程为载体，进行包括 2 次问卷调查和 1 次访谈在内的三轮迭代研究，统计研究对象对平台使用情况的意见和建议；最后，将研究过程中收集的优化策略进行总结，提出改进建议。

（六）学习环境创设

（1）硬件条件。基于微信公众平台的高校英语交互式学习模式需要建立属于教师的可独立操作的微信公众平台。教师和学生在生活和学习过程中能够随时进行上网，并且校园和宿舍拥有无线网络，网速良好通畅。

（2）软件条件。与申请其他类型网络账号一样，微信公众平台的申请、开发较为简单，微信公众平台首页也有详细的介绍图片，教师可以自行学习和注册。一般教师以个人名义申请订阅好即可，如果条件允许可以申请认证，认证号可以在自定义菜单中直接添加网址，增加外接网站地址。

笔者根据步骤申请和注册了"英语互动学习平台"微信公众号（注：调查实验内测，调查完成即注销公众号）。

三、第一阶段平台设计与应用

（一）平台设计与实施过程介绍

在第一阶段的研究中，笔者主要完成对平台基础功能的开发和应用，此外，进行每日的内容推送。因不同于媒体类的微信公众平台，教育类的微信公众平台目的是让学习者随时随地，有效利用碎片化时间开展学习。"英语互动学习平台"侧重将微信公众平台与传统高校英语课堂相结合，所以其在第一阶段内容设计上主要包括以下几个方面：

1. 推送内容设计

为了与课程相结合，在经过前期的调研和访谈后，笔者根据教学目标和学习形式进行了初步了解推送的工作，其内容主要包括 Key Words

Summary、Good Night 60s、Reviewing、English News 等板块。经过前期授课，教师和笔者本人在班级已全面介绍项目和微信公众平台，班级 30 名同学全部订阅了该微信公众号。

2. 自动回复设计

作为不同于其他 App 的功能，微信公众平台的自动回复设计为订阅用户间进行交互提供了很好的条件。目前，微信公众平台的自动回复有三种类型，被添加自动回复、消息自动回复和关键词自动回复。当订阅用户首次添加和关注公众号时，系统会自动回复。订阅用户回复任意字段时，系统也可自动回复固定内容。关键词功能的设置更为灵活，对于拓展教育功能也有一定的帮助，订阅用户可根据提示，回复规定内容，即可获得相应的内容回复。教育类公众号可以通过这一功能，使学生根据自身的需求选择学习内容开展自主学习，同时减少了操作步骤和工作时间。第一轮实验选取了添加自动回复和消息自动回复，以期吸引添加者的关注兴趣。

3. 自定义菜单功能设计

自定义菜单功能为订阅用户快速操作平台和查询信息提供了很大的便利。用户最多可以添加 3 个菜单，每个菜单可以添加 5 个子菜单。菜单功能可以对以往的推送内容进行归类和整理，亦可添加一些学习者常用的资料和活动。自定义菜单功能使用灵活方便，可频繁更改，是与课程结合的一个有效方法。笔者根据课程的特色和教学内容，添加了"线下课堂""线上平台"和"关于我们"三个菜单。线上课堂主要发布平日教师作业、课堂教学内容等；线下平台主要包括线下活动和英文影音资料等；"关于我们"是为了初期介绍项目和鼓励订阅者参与和投稿所设置。

4. 推送版面内容设计

通过借鉴媒体的微信公众号的版面设计案例，为了方便订阅者查找文章出处和尊重版权，笔者将每日推送的内容进行编辑和整理，在非原创的内容后面添加资料来源、编辑整理人员的姓名。选取与内容贴近的图片内容，设计能够引起学生兴趣的标题。

5. 与课程结合内容设计

在进行调研和分析后了解到，学生最希望平台推送关于听力、阅读两个方面的内容。所以第一阶段的研究中主要针对以上两个方面的内容展开。

在听力内容设计方面，每周选取一段1分钟左右的音频，并配有问题和听力原文，供学习者进行学习。这种设计能够使学习者仅通过单一屏幕即可完成听力练习的全部过程，而不再需要使用纸质答案和题目。此外，推送时间选取晚上10：45，便于学生在寝室熄灯前不需要其他材料仅凭一部手机完成学习。

在阅读内容的设计方面，主要通过课外文章和新闻进行。课外文章主要是授课教师选取的课外材料，会帮助学习者更好地预习单元学习内容。此外，阅读材料还提供了次日学习课文的英文朗读音频，与课文紧密结合，帮助学习者创建学习情境，更快地掌握课文内容，免去了学生还要通过光盘进行听力练习的麻烦。

（二）学生学习过程介绍

1. 推送情况

为确保实验数据的准确性，第一阶段的实验共进行了为期14天的推送，每日选取晚间10：00-11：00之间进行推送，推送内容均由授课教师进行提前审核。

2. 推送方式

前期为了让学生养成关注的习惯，每日由笔者担任助教将内容分享至班级微信群中，通过统计微信群学生回复人数得出即刻（推送10分钟内）阅读率为34%，最终班级阅读率为97%。

3. 推送过程

在课前，笔者会提前与授课教师进行联系，对学生的回复进行反馈，并提前了解班级课程内容及教材,寻找相关的资料。课堂教学过程中,授课教师会将今日学习的内容与昨日的推送进行结合,吸引学生的注意力,学生的关注度也有了一定的上升。教师在课堂上还将当天推送的内容进行简单的预告,督促学生按时保质保量地完成。在课后,学生主要通过平台进行学习,学习时间大概维持在3分钟以内。

(三)学习者应用情况调查分析

在第一阶段14天的实验完成后,笔者针对实验班级30名同学和关注平台的121人进行了问卷调查,共收回问卷105份,其中有效问卷105份。问卷主要对学习者使用态度、教学效果等方面进行调查。

1. 订阅用户关注公众号数量情况

据调查,41.90%的学生关注的微信公众号在10个以下,34.29%的人群关注10~20个微信公众号。订阅用户关注公众号数量如表5-2所示。

表5-2 订阅用户关注公众号数量

选项	小计	比例(%)
10个以下	44	41.90%
10~20个	36	34.29%
20~30个	12	11.43%
30个以上	13	12.38%

2. 订阅用户最喜爱的微信公众号

从调查数据来看,新闻资讯类、教育学习类是学生群体最为喜欢的微信公众号,评论观点类因内容较为呆板,受众面较小。订阅用户最喜爱的微信公众号如表5-3所示。

第五章 基于微信公众平台的交互式学习模式

表5-3 订阅用户最喜爱的微信公众号

选项	小计	比例（%）
新闻资讯	35	33.33%
生活服务	17	16.19%
休闲娱乐	14	13.33%
评论观点	11	10.48%
教育学习	28	26.67%

3.订阅用户每日查看微信公众号的主要时间段

从调查数据不难看出，从调查显示，33.33%的订阅用户选择在晚上9：00-11：00这个时间段浏览微信公众号，比例较大，晚上11：00之后选择最少，仅为4.76%。这是因为大多数学生都在晚上11：00后休息，且实验学校晚上11：00是熄灯时间。订阅用户每日查看微信公众号的主要时间段如表5-4所示。

表5-4 订阅用户每日查看微信公众号的主要时间段

选项	小计	比例（%）
早上7：00-9：00	10	9.52%
上午9：00-12：00	13	12.38%
下午12：00-6：00	14	13.33%
晚上6：00-9：00	28	26.67%
晚上9：00-11：00	35	33.33%
晚上11：00以后	5	4.76%

4.不愿意投稿的原因

据数据调查显示，学生不愿意投稿的主要原因主要集中于"自身英语能力有待提高""没有合适的投稿材料和奖励措施不明确""不喜欢被关注的比例较小"。该数据说明学生担心自身水平不足,害怕出现错误。订阅用户不愿意投稿的主要原因如表5-5所示。

表5-5 订阅用户不愿意投稿的主要原因

选项	小计	比例(%)
奖励措施不明确	21	20.00%
自身英语能力有待提高	46	43.81%
不喜欢被同学关注	13	12.38%
没有合适的投稿资料	25	23.81%

5. 最适宜的推送数目

对于推送数据,主要集中于1-3条之间,比例基本持平。微信公众号最适宜的推送数目如表5-6所示。

表5-6 微信公众号最适宜的推送数目

选项	小计	比例(%)
1条	34	32.38%
2条	32	30.48%
3条	26	24.76%
4条及以上	13	12.38%

6. 最受欢迎的信息类型

调查数据显示,55.24%的订阅用户喜欢图文结合的形式,其次受欢迎的信息类型是视频、纯文字。语音的比例不高的主要原因是没有视频生动。最受欢迎的信息类型如表5-7所示。

表5-7　最受欢迎的信息类型

选项	小计	比例（%）
纯文字	18	17.14%
图文	58	55.24%
语音	9	8.57%
视频	20	19.05%

7. 学习内容

根据调查显示，学生主要希望通过平台提高听力、阅读和口语方面的能力，对协作和翻译方面感兴趣的学生比例不高。在学习内容方面，学生对于词汇、文化两个方面的需求最高，希望多推送这两个方面的内容，对于新闻、语法、娱乐等方面的需求也相对较高。在最感兴趣的活动方面，选择"英语趣味知识问答"和"三行情诗大赛"的比例最高，"新闻播报"和"翻译比赛"比例较少，这与比赛的趣味性也有一定的关系。

8. 与课程结合

根据调查数据显示，趣味性成为订阅用户关注的首选。订阅用户主要希望将课文朗读与文化拓展进行推送。47.32%的订阅者认为将作业通过微信来完成的方式很好，可以增加互动性，仅有14.4%的订阅用户认为没有必要和不赞成。

（四）教师应用情况调查

第一阶段实验结束后，笔者与授课教师进行了访谈，具体反馈如下：

首先，在学生学习积极性方面，两个班的同学对于前一天推送的内容进行了不同程度地学习，学生对于课程所涉及的单词和重点短语的掌握程度的提高较为明显。其次，在师生互动交流方面，通过"英语互动学习平台"学生能够在课后针对性地就某一内容进行了解，推送的内容也成了学生中谈及的话题。此外，教师在课堂上再次提及前一日推送的相关文章和视频，会为学生和教师产生共鸣和共同话题，有利于更加高效地开展教学，增进师生间的了解。再次，在互动交流方面，学生对"趣味英语知识问答"形式最为感兴趣，并且在课下进行交流和讨论，学生更能加深对知识点的掌握与理解。

老师同样对平台之后的设计与应用提出了自己的建议。首先，建议结合学生的校园作息时间进行推送，如学校安排学生周一、周三进行晚自习，此时多数学生不能约束自己完全利用学习时间，多数学生会使用微信进行聊天、浏览网页。如此时进行推送，学生很可能会进行浏览和学习，对于提醒学生学习也有一定的作用；再次，增加学生作业和投稿的推送，将优秀的翻译甚至语音作业放入平台，供班级同学共同学习和参考。

四、第二阶段平台设计与应用

（一）平台设计与实施改进情况介绍

根据平台第一阶段的实施和调研，笔者汇总了一些建议并进行了认真的分析和改进，在第二阶段实验实施过程中不断推进。同时，在第二阶段当中，主要研究重点在于人机交互。

1. 调整推送时间

为了广泛地满足学习者的需求，平台将根据实验班同学的学习时间和作息习惯有选择地进行内容的推送。当天有晚自习的学生会在晚自习时间收到推送；平日推送时间调整到9：00-10：00之间推送；周末在10：00-11：00之间进行推送。

2. 增加内容的趣味性

平台由于强调自主个性化的学习环境，因而对创意设计的要求更高。富有创意的内容才能在第一时间抓住学习者的学习兴趣，并激发学习者的创新意识。为了更好地吸引学习者参与学习，平台在第二阶段增加了更加贴近时事热点，贴近当代大学生心理特点的内容。如"当夏洛克遇上包青天""英文新神曲《十三五之歌》没听过你就 out 了""The Second Child. Yes or No？"等与娱乐、时事结合的文章，阅读数量有着明显的上升；英语新闻"双十一的那些事"在双十一当天发布，结合最新热点，阅读量增加明显。

3. 丰富自定义菜单关键字回复功能

随着课程的逐步展开，受到微信推送内容的限制，教师上课需要供学生可以通过自定义菜单浏览或下载上课所需的文件，为学生提供了方便，并且可长期保存。微信的文件传输功能可以将文件在手机和电脑之间进行随意转换。

此外，学生可以根据关键词，直接搜索到之前已经推送的内容，方便进行复习。

4. 增强学生与平台之间的互动性

第二阶段加入了互动的元素。首先，在学生与平台之间的互动方面，推送的内容中添加了"英语趣味知识问答"环节，取得了不错的效果，阅读量达到80，并且有24人参与了答题。

此类测试题既可以结合课程的进度进行设计，也可以独立设计。可以根据需要灵活设计，以单选、多选、填空为主，题目难度比较低，用于帮助学习者及时巩固新知。独立设计的测试题通常具有较大的开放性和挑战性，能够引发学习者之间的讨论与协作，促进知识深度整合，这种测试也可以与课堂活动相结合进行。

5. 设置系统的推送体系

为了更好地将线上线下相结合，平台内容的设计不仅要注重线上的学习活动，同时还要结合线下学习活动进行对应设计，如平台可以运用于翻转课堂、混合学习等，让学生更加系统地按照学习步骤进行学习。平台根据学生的上课时间和节奏，制定了推送内容计划表，并标注于每一个推送内容的下方。

6. 扩大推送内容的种类

高校英语课程的设计应充分考虑听、说、读、写能力培养的要求，并给予足够的学时和学分；应使用先进的信息技术，开发和建设各种基于计算机和网络的课程，为学生提供良好的语言学习环境与条件。

微信公众平台可以选择面向所有订阅用户或部分订阅用户进行内容推送，所推送的内容很难全部被用户所使用和学习，所以应尽可能扩大推送内容的种类，为学习者提供更多的选择。为了扩大推送内容的范围和种类，为不同的学习者提供更为适合的内容，平台按照调查问卷的结果，增加了视野拓展、文化常识方面文章的推送，通过利用音乐、音频、视频、图片、文字等多重方式，为学生创建理想的学习环境，从而提高学生的国际化视野和文化常识。此外，教师可以将重点单词进行加粗、选择明显的颜色，在文章下方进行标注，帮助学生更加有效的学习和减少认知负荷。

7. 引入学生参与机制

通过第一阶段连续 14 天的推送，笔者发现，制作一篇推送内容的时间大概在 45～60 分钟左右，包括内容的选取、设计、制作、发布等流程，如一天发送 2 篇，则需要 2 小时的时间，这对于工作繁重的高校教师来讲无疑是难以实现的，所以笔者在班级中招募志愿者进行辅助工作，经过自愿报名，共有 3 名同学主动报名参与到微信公众平台的建设中来。虽然授课教师和笔者对学生进行了培训、分工，但由于学生大多是第一次接触平台，在内容选取方面还不是很理想，需要授课教师、助教的帮助和指导。后期，笔者在内容制作方面提供了模板，使授课教师和助教的每日工作量有所减轻。

引入学生参与机制，一方面能够减轻授课教师及助教的工作量；另一方面，可以让更多的学生参与新媒体的制作，在内容选取、设计的过程中也能够帮助学生提高其英语学习的积极性。

8. 设计教学记录单

为了减少志愿者重复工作的时间，实现师生间更加快速的对接，笔者在第二阶段设计了教学记录单，每堂课由志愿者根据教师上课的内容进行记录，并记下每堂课可与平台进行结合的内容，之后经过教师审核后进行操作。教学记录单的应用使得每日推送有计划、有目标，并且有利于系统化设计。

（二）学生学习过程

1. 推送情况

与第一阶段推送时间一致，第二阶段进行了14天的内容推送，学生的参与度有了明显的上升。推送时间也在第一阶段调研结果的基础上进行了更改。

2. 推送方式

为了进一步培养学生自觉开展学习的习惯，第二阶段前7天笔者将推送内容通过班级群进行推送和分享，后7天取消了分享并告知学生，以便学生能够保证每日主动浏览和学习。

3. 推送过程

在授课教师的支持下，学生能够按时地完成教师留的平台作业，并且反馈较为及时。课堂上，授课教师更多地利用微信开展教学，部分同学反映每天关注"英语互动学习平台"已成为一种习惯。

（三）应用情况与访谈内容

1. 学习者对平台的评价

大部分学习者对平台的评价很好，认为平台操作直接、简单、易懂，可以继续保持，建议进行实践与推广；除此之外，被访谈者还提出了以下意见和建议。

增加趣味性内容。增加具有趣味性的图文内容，可通过设计奖惩机制增加学习者之间的竞争意识。在平台中增加文化拓展内容或英语新闻等相关内容，还可以增加英语技巧的讲授等内容，如连读技巧、阅读技巧等。

调整推送内容难度。多数学生反映目前推送的内容种类适中，但是基础内容偏少，拓展类内容对大一学生偏难，建议增加一些基础的词汇、阅读内容，降低参与的难度。同时，难易程度要适应学生的英语水平结构，可以分级推送，为不同的学习者推送个性化的学习内容；

加强与课程结合。多与课程相结合，增加与课程结合的形式，不局限于文章、作业等内容，紧扣课程内容与考试内容。

增强平台互动性。除学习者与平台之间的互动外，增加同学之间、师生之间的互动。同时，有同学希望可以适当与作业结合，但不要将这种形式变成另外一种作业负担。

2. 教师对平台的评价

在第二阶段结束后，针对平台第一阶段改进和互动性等方面的内容，笔者再次对授课教师进行了访谈。

教师对一个多月以来平台使用的效果给予了很高的评价，认为平台与传统课堂相结合为学生提供了很大的学习动力，对学生的学习有一种有效的督促作用。特别是在互联网时代，传统课堂的时间已经无法满足学习者的需要，英语的学习更多地需要课后时间的利用及文化、素养等方面的拓展。同时，教师希望之后第三阶段能够将互动性增强，加强平台在师生互动、同学互动方面的作用。

五、第三阶段平台设计与应用

（一）平台设计与实施改进情况

在第一、第二阶段实验的基础上，笔者针对两个教学班级所有平台订阅用户开展了第三阶段的实验，这也是最后一个阶段。第三阶段实验为期两周，主要侧重利用微信公众平台加强同学之间、师生之间的交互的研究。

1. 增加推送内容

第一、二阶段每日推送内容为1～2条，根据调查显示学生希望推送条数在1～4条之间。为了丰富每日推送的内容，满足不同学习者的需要，将每日推送的条目数量提高至3～4条，使推送内容更加广泛，形式更加多样。

2. 增加内容的系统化

为了让不同的学习者能够更加准确、快速地判断推送内容，在第三阶段，每条内容标题均用四个字进行概括，如课堂复习、英语拓展、外国文化、电影推荐等。同时，内容中提高了视频、图片、语音、音乐的数量，希望能够为学习者提供更加完善的学习环境。

3. 增加交互活动

在调查问卷和访谈的过程中，多数学习者希望能够参与一些与英语相关的活动。于是，举办"英语三行情诗大赛"，学习者将自己的作品通过平台发送给后台，每日将作品进行展示，订阅用户可对作品进行欣赏、评价和投票。到达截止日期后，通过平台对所有作品进行集中展示，大赛举办得到了学生强烈的反响。

4. 加强师生间交互

微信公众平台作为一个公共社区，可以为学习者提供学习交流的平台，此外，通过平台将学习者作品进行展示，可作为对传统课堂的补充和延续。例如，在第三阶段中将两个班级的学生作品在平台中进行展示，让不同的班级进行共同学习和欣赏，授课教师通过平台对不同的作品进行点评。

5. 增加作业互动环节

任务型教学法的活动丰富多彩，能带给学习者新鲜的感受，不仅活跃了课堂氛围，激发了学生的学习兴趣，也培养了学生综合运用语言的能力，充分体现了以学生为中心的教学思想。通过平台进行作业提交、作业展示、教师点评、学生互评，可以使教师更好地利用课堂时间，培养学生的自主学习能力。

（二）学生学习过程介绍

1. 推送情况

第三阶段同样进行了为期 14 天的推送研究。关注人数也有了明显增加，内容的阅读量也明显增多，很多订阅用户将平台分享至朋友圈或介绍给自己的同学和朋友。

2. 推送方式

直接推送，鼓励学生进行分享。

3. 推送过程

第三阶段的实验在第一、第二阶段的基础之上做了很大的改进，特别是在交互方面增加了很多新的方法和尝试，师生之间、同学之间的交互明显增多，这与学生、教师的配合和支持是紧密相关的。教师上课时也会将微信公众平台中推送的内容与课程结合，并推荐学生课后进行学习和浏览，使学生在课堂中参与到交互式学习中。

从后台数据分析可以发现，订阅用户中女性偏多。这主要有两方面原因。一方面，该平台为语言类学习平台，女性较为喜欢及擅长语言学习；另一方面，实验班级中女性学生较多。研究性别比例对平台内容的设计有一定的指导意义。

（三）学习者应用情况调查及满意度分析

在实验的第三阶段结束后，为了对平台的整体使用效果进行总结与评价，针对所有订阅用户开展了问卷调查活动。共收到问卷 178 份，其中有效问卷 178 份。

1. 学习者关注"英语互动学习平台"的频率

订阅用户关注"英语互动学习平台"的频率如表 5-8 所示。

表5-8 订阅用户关注"英语互动学习平台"的频率

选项	小计	比例（%）
经常	64	35.96%
有时	64	35.96%
偶尔	45	25.28%
从没有	5	2.80%

调查数据显示，71.92%的学习者经常或者有时会关注英语互动学习平台，比例较高。

2.学习者对利用微信公众平台完成作业的态度

订阅用户对利用微信公众平台完成作业的态度如表5-9所示。

表5-9 订阅用户对利用微信公众平台完成作业的态度

选项	小计	比例（%）
形式新颖，表示支持	53	29.78%
认可共享学习，乐于尝试	102	57.30%
操作过于烦琐，浪费时间	17	9.55%
学习效果不佳，没有必要	6	3.37%

调查数据显示，29.78%的学习者认为通过微信公众平台完成作业形式新颖，表示支持；57.30%的学习者认为可共享学习，乐于尝试；但是，也有9.55%的同学认为操作过于烦琐，浪费时间；3.37%的同学认为学习效果不佳，没有必要。

3.订阅用户对"英语互动学习平台"与英语课程相结合的态度

订阅用户对"英语互动学习平台"与英语课程相结合的态度如表5-10所示。

表5-9 订阅用户对"英语互动学习平台"与英语课程相结合的态度

选项	小计	比例（%）
可以利用碎片化时间随时随地开展学习	55	30.90%
学习资源丰富，是对传统英语课程的补充	76	42.70%
可以与课程有针对性地结合，提高学习效率	23	12.92%
形式过于自由，缺乏约束力，无法坚持学习	22	12.36%
其他	2	1.12%

调查数据显示，30.90%的学习者认为平台与课程结合的方式可以利用碎片化时间随时随地开展学习；42.70%的学习者认为平台学习资源丰富，是对传统英语课程的补充；12.92%的学习者认为可以与课程有针对性地结合，提高学习效率；但也有12.36%的学习者认为形式过于自由，缺乏约束力，无法坚持学习。

4.平台中对学习者帮助最大的板块

订阅用户认为"英语互动学习平台"中对学习者帮助最大的板块如表5-11所示。

表5-11 订阅用户认为"英语互动学习平台"中对学习者帮助最大的板块

选项	小计	比例（%）
课程回顾与复习	44	24.72%
课后练习与补充	29	16.29%
方法介绍与分享	30	16.85%
视野拓展与结合	47	26.40%
新闻资讯与视频	16	7.30%
互动活动与比赛	12	6.74%

调查数据显示,所有板块中,学习者认为"视野拓展与结合"板块帮助最大,占 26.40%;其次是"课程回顾与复习"板块,占 24.72%。

5. 订阅用户对于利用微信公众平台开展互动学习竞赛的态度

订阅用户对于利用微信公众平台开展互动学习竞赛的态度如表 5-12 所示。

表5-12 订阅用户对于利用微信公众平台开展互动学习竞赛的态度

选项	小计	比例(%)
非常支持	66	37.08%
支持	79	44.38%
不清楚	27	15.17%
不支持	3	1.69%
非常不支持	3	1.69%

调查数据显示,81.46% 的学习者对于利用微信公众平台开展互动学习竞赛非常支持或支持。

6. 订阅用户对"英语互动学习平台"内容及功能满意度

订阅用户对"英语互动学习平台"内容及功能满意度如表 5-13 所示。

表5-13 订阅用户对"英语互动学习平台"内容及功能满意度

内容	非常满意	满意	不清楚	不满意	非常不满意
推送内容	30.34%	53.37%	12.36%	3.93%	0%
界面设计	29.78%	53.37%	11.8%	4.49%	0.56%
功能设计	29.78%	52.25%	11.8%	6.18%	0%

调查数据显示，整体来看，学习者对平台的满意度较高，"推送内容""界面设计""功能设计"三个方面的满意度均超过 80%。

（四）授课教师对平台的评价

实验结束后，授课教师对三个阶段的应用研究进行了较为细致的评价。教师主要从以下四个方面谈及了自己的感受。

首先，在平台与传统课堂结合方面，"英语互动学习平台"应用的近一个学期当中，学生学习的积极性随着实验的不断推进、推送内容和活动种类的不断丰富而提高。传统课堂中一些学生可以自学的内容放至平台可以使教师有更多的时间与学生现场互动。

其次，在学生学习成绩方面，因实验时间较短，且平台推送内容与实际考试内容相关度不高，无法判断和分析出微信公众平台对学生成绩的提高是否有作用。

再次，在学生学习习惯方面，平台的投放使学生能够更加有效地利用好课余时间，为学生养成良好的使用网络、使用智能手机的习惯提供了一次非常好的尝试。

最后，在学生信息技能方面，招募志愿者配合制作的模式使授课教师及助教可以将更多的时间投入到课堂的教学设计和实施中，同时对培养学生的信息、媒体技能有很大的帮助。三名志愿者同学也表示在运用新媒体方面及英语学习方面有了很大的收获和提高。

第三节　基于微信公众平台的交互式学习模式的优化策略

一、内容设计方面

微信公众平台内容的设计直接影响学习者的学习积极性和学习效果，

内容设计方面的优化策略有以下几点。

第一，明确推送内容的教学目标。推送内容尽量做到简单，实现结构化、碎片化、易获取。每条推送内容尽量针对一个知识点或主题进行阐明，做到具有目标性和针对性。同时，可以针对一个主题开展一系列的推送，实现学习的连续性和专题化。专题化设计能更好地帮助学习者自由、个性化地匹配合适的资源，非线性和跳转的学习方式有助于学习者形成系统的知识体系，有利于学习者快速理解和掌握知识点。

第二，设计教学记录单。为了让设计者能够更加有针对性地安排平台内容，与课堂进行无缝对接，可以通过教学内容记录单的形式，记录每堂课的内容和与平台的结合点，帮助设计者进行系统化的推送；同时，还要加强内容审核，保障内容的权威性和系统性。

第三，提高推送内容的趣味性。推送内容可以适当地加入娱乐性因素，提高学习者学习兴趣，实现个性化、多模式、游戏化；在推送内容中加入激励、引导学习者的交互设计（如投票、语音回复等）来调动学习者的积极性，激发学习者的学习动机；强化问题导向，适当利用热门新鲜词语、幽默而有趣的标题、关键词包含在标题中、问题式标题、有争议性标题等方式，并做到及时反馈。

第四，降低学习者认知负荷。在呈现关键内容时做出相应标记或文字提醒，减少与学习内容无关的信息，优化教学材料的呈现方式来降低外在认知负荷；结合教学内容的特点和学习者认知水平及其交互作用，降低学习者内在认知负荷；推送的内容尽量做到能够让学习者学以致用，实现教学互换。

二、讯息设计方面

（一）界面设计

人机界面是学习者与学习资源间信息交互的主通道。移动学习资源的人机界面设计既要遵循人机交互领域的界面设计原则，也要满足多媒体学习认知的需求，还要符合移动设备的技术特点。界面设计的质量决定了学习过程中学习者与学习内容交互的质量，对学习效果有着至关重要的影响。

从界面设计的角度看，移动设备的技术特性使得学习资源的布局设计、导航设计、交互设计都受到较大的限制，特别是信息呈现设计，较小的屏幕空间很难完整地呈现复杂的学习内容。这不但会影响学习交互的效果，而且增加了学习者的外部认知负荷。

人机交互领域的界面设计原则有以下几点：尽可能一致、符合普遍可用性、提供信息丰富的反馈、设计说明框以生成结束信息、预防错误、允许轻松的反向操作、支持内部控制点和减少短时记忆。这些法则是图形化人机界面设计的基础，适用于绝大多数的交互系统。当然，界面设计自身也存在局限性，在不同的环境下，必须进行更精细的解释和扩展。

优秀的微信公众平台要具有正确的内容、严密的逻辑、清晰的层次，同时要符合学习者的认知规律，在此基础上还要注重艺术性。

在色彩运用方面，运用颜色不宜过多，太多的颜色会增加学习者的反应时间，容易引起视觉疲劳。在内容的颜色方面，要注意色彩的协调性，以适应学习者的视觉需要，避免疲劳，增强注意的稳定性。

在结构布局方面，一致性原则指出，与学习内容无关的材料会争夺工作记忆中的认知资源。结构化布局通过可视结构展现信息元素间的关系（分组、隶属、关联等），可以明确标识学习内容中重要的部分与不重要的部分，进而影响学习者对认知资源的分配。在文本中可以通过不同的颜色对重要的单词或者语法进行区分，从而提高识别度，减少认知负荷。

（二）文本设计

1.字号

微信因其可以调节字体大小的功能，使得微信的文本设计较为复杂，太大或者太小的字号都会影响学习者全面地掌握所输入的信息。一般使用 14～16 号字,字数较多时可使用 10 号字体。此外,推送内容不宜过多,排版不宜过密。过多的信息容易超出人眼的注意范围,使人产生视觉疲劳,转移注意力。

2. 排版

若内容不是分点进行,陈述语式可以考虑居中排版。如果为分点进行,则需要采用左侧对齐排版。此外,通过采用断行功能可以帮助学生有效地掌握句子的停顿能力,这种方法特别适合断句结构不同于中文的英语学习。

3. 字体

因微信无法提供多种字体选择,所以即使复制粘贴,也会自动采用微信固定字体。

4. 颜色

字体颜色不宜过多、过杂。正文的字体颜色应该与背景颜色形成鲜明的对比,装饰性文本的色彩应该与背景色调调和,避免喧宾夺主。一般蓝绿、红橙为比较适宜的搭配。为了加深学习者对文字的印象,可以在重点的文字或段落使用对比较强的颜色。色彩中的黄色和粉色对于提升记忆力有帮助,绿色和蓝色增强注意力,红色提升认知度。白色背景中嵌入蓝色或者黑色,有利于提高整体画面的理解记忆。设计者可以根据内容的具体情况选择适宜的字体颜色。

5. 图表

微信公众平台更加注重教学内容的视觉化表达,这样有助于学习者在短时间内记忆和理解知识。可利用图表等工具将文字和数据视觉化,但不要过度,否则将会影响实际教学内容的准确传达,进而干扰学习的过程。

(三)影音媒体

微信公众平台目前可以支持插入视频、录音、音乐,适宜的影音媒体将会对学习效果产生重要的影响。

1. 视频

选取视频直接插入至推送内容中,可以进行放大,确保视频播放流畅。在视频选取时尽量选取画质较为清晰的内容。带字幕的视频比无字幕视频更能促使学习者专注于学习内容,能更好地进行信息加工,从而获得更好的学习效果,所以,英文视频附有中英文字幕为佳。

2. 录音

建议使用语音呈现语词信息,双通道假设理论认为人类有两条信息加工通道,分别用来加工视觉呈现材料和听觉呈现材料。对于英语学习来说,通过插入音频,再搭配文字内容可以同时锻炼学生的听、读能力。

3. 音乐

在音乐选取方面,建议选取符合文章内容的音乐,舒缓、融合的轻音乐较为适宜,可以为学习者创造提升学习效果的学习环境。

三、组织形式方面

微信公众平台作为新媒体的一种形式,综合了信息、资料存储、交流等多种功能,对提高学生的自主化学习程度有很大的帮助,设计者和研究者在微信公众平台的建设中应充分利用微信的各类功能,为学习者提供多种内容选择方式和学习方式。例如,在微信公众平台的内容选择上,学习者对图文和视频的喜爱程度较高,设计者可以将音频、视频、文字、图片综合使用。当然,微信公众平台的组织形式也不能一味地追求视频化,设计者要根据具体的学习内容来选择组织形式,以减少认知负荷。

四、交互学习模式方面

交互式学习模式是本节研究的重点,其理念体现在平台设计的各个环节。从交互形式上划分,可以分为推送内容交互、软件功能交互;从交互方式上划分,可以分为师生之间交互、同学之间交互和人机交互。

（一）交互内容

推送内容交互是指学习者通过公众平台推送的内容进行交互式学习的形式。在微信公众平台中，学习者可以通过投票、评论、点赞、回答问卷等形式进行交互式学习。交互设计用于定义学习者与学习资源间互动的机制，与通用软件交互设计不同的是，学习资源的交互设计既要考虑交互效率，更要考虑对学习效果的影响。因此，交互的方式要尽量简单、简洁、容易操作，一键完成为最佳的方式。

软件功能交互是指学习者利用微信公众平台所具有的功能开展交互式学习。微信公众平台打破了传统软件简单对话的模式，提供多种交互形式，既有文字回复、语音回复、图片回复等基本交互功能，也有关键词自动回复、自定义菜单查阅功能。例如，在自定义菜单查阅功能中，学习者可以通过已经设定的菜单，自主选择学习内容，查阅需要的资料或者与其他软件进行链接。

（二）交互方式

师生之间交互是指借助微信公众平台，教师和学生之间开展交互式学习的形式。作为一款交流软件，微信最为基本的功能便是信息的交互，通过微信公众平台，教师和学生间既可以通过对话框进行文字、语音、视频、图片等形式的传输，也可以通过评论、投票等方式进行互动。为了引起学习者的交互行为，教师和平台制作者可以通过推出不同的评论来引起学习者的"认知冲突"，吸引学习者主动地参与进来。

同学之间交互是指借助微信公众平台，学习者与学习者之间开展交互式学习的形式，其基本形式与师生间交互类似。同学之间交互的内容更加随意和自由，时间和方式更为灵活和多样。

人机交互是指学习者利用软件已经设定的功能，开展交互式学习的形式。微信公众平台的关键词回复、自定义菜单功能为学习者提供了很好的交互式学习机会，有助于学习者开展自主学习。多媒体学习认知理论中的容量有限假设指出，学习者工作记忆的容量是有限的。因此，交互设计一方面要减少认知资源的使用，避免认知负荷超载；另一方面要保证效率，避免交互时间过长，影响学习者的短时记忆。定义交互行为时应采用简洁直接的方式，最好能够做到一步式交互（即一次交互操作完成一种交互功能），避免出现步骤较多的交互定义。这就要求研究者或教师在设计人机交互时尽可能地减少学习者的操作步骤，实现一键操作。

第六章 高校英语课堂游戏化教学模式

第一节 游戏化教学概念及理论基础

一、游戏化教学的基本概念

（一）游戏与教育游戏

在生物进化的漫长历程中，所有的哺乳类动物，特别是灵长类动物为了更好地生存，大都采用游戏的方式来推动，通过游戏来学会基本的生存技能与方法。因此，游戏是人类在满足物质需求的基础之上，为了满足精神需求而采用的社会行为方式，这些社会行为方式往往是发生在某些特定时空范围内且遵循着一定的活动规则。在教育领域中，游戏的使用历史可以追溯到远古时期，因而教育游戏的发展历史也极为悠久。但是科学系统的教育游戏一词却是现代出现的，教育游戏研究主要是源于20世纪80年代人们对电视节目中游戏教育价值的分析探索。尤其是到20世纪末，伴随着多媒体计算机功能的日益强大，各式各样的教育游戏和娱乐游戏层出不穷，并形成了一个庞大的商业应用领域。整体上，人们对教育游戏的研究还只是处于初级阶段，需要对其进行更加深入和更加系统的科学研究。教育游戏的科学定义还没有形成一个统一的观点，对其内涵的认识和理解还在不断发展过程中。

从总体上说，目前人们对教育游戏的认识主要有两种基本的观点：

其一是认为教育游戏的本质是具有一定教育性的具有可玩性的游戏,即教育游戏本质上是游戏的一种类型,教育游戏的娱乐性和趣味性是其发展的关键,所有的知识都是通过娱乐性元素的发掘而融入游戏过程之中。学习者在玩游戏的过程中潜移默化地掌握了知识;其二则是认为教育游戏的根本是教育,游戏只是达成教育目的的一种技术形式或实现手段[①]。之所以在教育中提倡使用游戏,主要是利用各种游戏化元素来激发学习者的学习兴趣和保持学习动力。这两种观点实质上就是人们对于教育和游戏两个社会行为方式不同定位认识的结果,也体现出人们对教育游戏设计开发的两种不同的思路和方法。但是多数的专家学者看到了游戏和教育结合的一点:游戏能够让学习者在自然而然发生的过程里,通过有意义和表征性的活动性任务完成过程来实现学习活动的主动建构和联结。

教育游戏是能够培养使用者的知识、技能、智力、情感、态度和价值观,并具有一定教育意义的计算机软件。从定义中不难看出,教育游戏首先是一种具有可玩性(娱乐性)的游戏,娱乐性是其重要特征。其次教育游戏具有一定的教育性,且这种教育性往往是隐性的和潜移默化的。所以,在实际的应用过程中如果把教育内容强加在游戏上而没有可玩性,这样的教育游戏注定会失败的;同样如果教育游戏的可玩性太强,远远超过了教育性,那这样的教育游戏就不是教育游戏,而变成了娱乐游戏了。教育游戏需要人们在教育性和游戏性之间找到一个最佳的平衡点,达成娱乐性和教育性的和谐统一。

总而言之,教育游戏可泛指在教育场景中带有一定教育目的的任何游戏。教育游戏不同于传统意义上的教育软件,也不同于一般娱乐性的游戏。不是娱乐和教育的简单组合,更多的是知识与娱乐的有机融合。教育游戏的设计开发旨在让学习者能够发生深度学习,能够有效地掌握知识技能,学会能力的迁移应用,绝不是简简单单地让学习者在学习过

---

① 沈晶.大学英语课程中游戏化教学应用的实验研究[D].锦州:渤海大学,2021:10-11.

程中愉悦,让学习者学会学习、学会合作、学会做事和学会生存是其最终的奋斗目标。

(二)游戏化教学

游戏化教学的理解与人们对"游戏化学习"的认识密不可分。所谓的游戏化学习是指在游戏化学习观念的指导下,借鉴游戏的诸多元素和过程机制,根据学习者年龄心理特征和认知需求,有针对性设计学习过程诸要素,尤其是借助于各种游戏化工具和策略,来实现学习者知识技能掌握、态度情感发展和能力提升的过程。人们在探索如何利用游戏化来促进学习者学习方式转变和学习效果提升的过程中逐步形成发展出系列化的可操作性的教学活动流程,进而实现了游戏化教学从教育理念到教学模式的转变。游戏化就是在非游戏的课堂教学情境中,运用游戏设计元素,基于游戏化的教学设计可以让活动过程具有更多促进有效学习和深度学习发生的途径。实质上,游戏化教学依然是情境教学法的一种变化形式,主要就是倡导运用游戏的设计元素和游戏过程的故事性来推动教学活动的顺利实施。实际上,游戏化教学的实施,既可以是完整的整堂课实施,也可以是在某一个小的时间段里采用,无论是哪种方式,都是主张将教学性和娱乐性有机统一。游戏化教学之所以得到人们推崇的原因,主要在于教学活动的游戏化设计可以让师生产生愉悦情感,从而建立一种轻松快乐的教学氛围,使教学发生的深度和广度得到极大的提升。游戏化教学的思想在美国教育家杜威和我国教育家陶行知的理论和实践中都有所体现,都是要求在知行合一的过程中让学习者主动地学和有意义地学。在具体的学科教学应用实践中,游戏化教学往往与探究式教学混合在一起,通过游戏设定的种种关卡任务来鼓励学生们进行自主探究和团队协作,尤其是在科学知识原理的学习过程中,发挥了巨大的作用和价值,寓教于乐、问题解决驱动和回归生活情境是其鲜明的三大特征。在特定的情境中,通过设计一些与教学内容相关的游戏任务,鼓励学生利用有效的工具和方法来完成,并获得相应的奖励或惩罚,可让学生获得进一步学习的驱动力和成就感。这不仅能够创设出和谐的师生关系和生生关系，更能够营造出自由和愉悦的课堂文化，让教学过程中的师生能够在现实的生活情境中主动交流和建构。

广大一线教师和学生尝试在各种学科教学中使用游戏化教学模式，并且也取得了不错的效果。整体上，游戏化教学模式在注重科学系统知识和原理应用的课程中应用效果显著，较其他传统教学方法显著提升教学效果和效率。并且，游戏化教学已经广泛地应用到学校教育的各个阶段。在语言类课程的教学过程中，游戏化教学也得到了积极推广，比如英语词汇学习的游戏化设计等等。但系统应用水平不是很高，主要还是用来解决语言学习过程中的枯燥性和应用场景缺乏的问题。应当看到，学生学习语言的兴趣，主要还是因为有趣的游戏形式和具有挑战性的真实任务而倍增，而游戏所创造的激励与反馈机制恰恰能够满足学习者这个方面的需求。游戏化教学在语言教学过程中的应用绝不是要全盘否定传统教学方式，而是要充分发挥游戏化教学的特色，作为传统语言教学课堂的有益补充，最终实现学生学习效率的提高和学习效果的改善。

二、游戏化教学的理论基础

（一）语言游戏理论

说话者依据一定的规则用词语做各种游戏。词语本身并没有什么实际意义，它只是一种语言工具。同样，在生产生活过程中人们往往是按自己的使用目的赋予词语一定的意义。根据这一定义，可以把语言游戏理论概括为如下几大要点：第一，语言与各种人类活动（包含游戏）之间具有不可分割性，它是一种人类个体及群体实践中的重要活动形式；第二，语言的使用和功能伴随着具体的情境，在不同上下文中和场景里，其内涵往往有着许多可变化的表现；第三，人类的实践离不开语言这一工具的使用，而且语言的用法和意义都必须放在具体的情境中来了解掌握；第四，人类实践中的各种语言都有属于自己的规则，但是这种规则又不是完全理想和绝对的；第五，学习语言的过程是一个长期的系统训练的过程，需要由简单到复杂逐步地循序渐进，不能一蹴而就或突击完成。概言之，通过维特根斯坦的"语言游戏论"可发现，任何一种语言的产生和发展都离不开日常实际应用情境的锻炼，语言的功能与意义需要在具体的应用场景中加以认识和生成。由此可以想象到，现代高校英语教学更需要重视实际语言运用能力的培养，在实际的交际情境中发展大学生们的语言综合能力。所以，现代的高校英语课堂不应将教学的重点放到语言规则的简单教授之上，而更应该的是摒弃传统的教学方法（如讲解、背诵等），以实际的英语语言交流应用为核心，在具体的交际沟通过程中来重构语言。最后，需要说明的一点是英语对于大学生而言，更多的是一种工具或跨文化交流的载体，具备运用英语进行跨文化交流的综合能力是其进行英语学习的根本宗旨之所在。

（二）心流沉浸理论

美国心理学家米哈里·契克森米哈赖在其著作《心流：最优体验心理学》中首次提出"心流"一词，并把"心流"定义为：一种能将个体精神力完全投注于某种活动上的内心感觉，心流产生时往往会伴有高度的兴奋感及充实感。现在，人们将心流通俗地理解为当人们在做某些事情时所产生的全神贯注与忘我投入的状态。由于人的认知活动很容易受到人自身心理状态的变化，故心流理论在教学中具有巨大的应用潜力和发展前景。当某人达到最高级的心流状态时，他往往不会感受到时间的流逝，他倾向于所做的事（专注于一件事且对所做之事充满目标感），他能够立刻从所做的事中获得反馈，他也能够控制自己所正在做的事。心流理论的重大教育意义在于如果人们能把教育游戏的挑战和技能水平设置在适应的水平，就能让学习者进入到心流状态，从而产生良好的效果。心流描述了个体通过全身心投入某项活动并达到一致愉悦的心理状态，心流是一种绝佳的精神体验，这种体验十分愉悦以至于人们期望能够长久的沉浸其中。有九类元素会影响到个体的心流体验，分别是：清晰的目标、及时的反馈、挑战与技能的平衡、行为与意识的融合、意识中排除干扰、无惧失败、自我意识的消失、忽略时间的流逝和专注于活动本身的价值。从中可以发现，这些要素与游戏化系统的多项特点能够形成有效匹配。因此，通过游戏环节的设置教学活动可以让学习者产生明显的心流体验过程。实验研究已表明，导致学习者注意力分散的脑因子，在游戏奖励机制的干预下，其活跃程度会大大降低。与此同时，大脑会不断释放多巴胺，进而让学习者形成持续不断的卓越心流体验。

（三）具身认知理论

时下，心理学领域兴起一个新研究领域：具身认知理论，其主要探讨的就是生理体验与心理状态之间的强烈联系。该理论认为人类个体的生理体验能够快速"激活"个体内部的心理感觉，强调的是身体在有机体认知过程中所扮演的角色。常见的例子就是人在开心的时候会微笑，而如果微笑，人也会趋向于变得更开心。具身认知理论的具体内容主要包含以下三个方面：第一，个体认知过程的方式和步骤受其身体物理属性决定；第二，认知活动本身就是具身的，而具身总是处于一定的环境中，故认知、身体和环境三者是一个动态统一体。认知并非始于传入神经的刺激作用，结束于中枢提供给外导神经的信息指令。相反，认知过程或认知状态似应扩展至认知者所处的环境；第三，认知的内容也是身体提供的。人们对身体的主观感受和身体在活动中的体验为语言和思想提供了基础内容。现实世界中，人们总是以适当的方式用身体与世界中其他物体互动，并在互动的过程中获得对世界的各种认识。具身认知理论对现代课堂教学的启示主要有以下几个方面：一是个体获得系列技能（如人际交往技能等）是在实践参与和合作学习中进行的。游戏能够让学习者在与学习伙伴相处的过程中获得人际交往能力和协作相处的素养；二是身体是传递信息和获取知识的重要途径之一。在遇到无法通过语言来准确表达自己的想法时，人们更多是通过肢体运动来表达喜怒哀乐等情绪。游戏教学过程中因为有与成人或同伴交往的肢体接触，因而能够传达出更为丰富多样的信息；三是要重视学习过程中个体情感体验的重要性。在游戏过程中，个体往往可以通过对具体环境和社会参与等过程的体验，而获得多元化的丰富情感体验，并最终形成积极的学习方式和学习内驱力。

第二节　高校英语课堂游戏化教学模式的设计

一、游戏化教学活动设计原则

（一）游戏目标明确性

教学游戏活动解决的是教学问题，完成的是教学目标，即课堂游戏是为教学服务的，这一点必须是明确无误的。高校英语课程的教学目标是提高学生听、说、读、写等综合语言运用能力，故教学游戏的设计与实施也必须服从和服务于这个目标的实现。教学游戏的设计体现在高校英语课程的每一节课中，就是需要教学游戏必须围绕着一定的教学侧重点来组织和实施。因此，课堂中游戏活动并不是可以随意安排和实施的，而是需要让它提高课堂教学效果。体现在高校英语课堂教学中，就是要求教师能够根据教学内容要求安排适当的游戏活动，以求能够让学生语言的新应用得以实践，让学生某些方面的技能得以锻炼和快速成长起来。除此之外，高校英语课堂教学过程中安排的这些游戏活动，能使学生更加真实有效地运用所学的新知识。总之，高校英语课程教学中的教学游戏应用其根本宗旨是让学生在游戏创设的情境中完成对英语语言的综合运用。

（二）游戏指向特定性

游戏的指向特定性是指教学过程中的游戏元素设计要考虑到不同的

教学内容和不同的教学对象，采用具有明确指向性的特定游戏环节设计。对于英语语法类的知识或技能倾向于设计闯关类游戏，让大学生在逐渐升级的游戏活动中完成知识的掌握和技能的训练。对于思维方式活跃有独立个性和思想成熟的大学生，竞争类游戏设计需要优先考虑设计，简单的呈现性游戏应尽量少用或不用。太复杂或者难度太高的游戏会让大学生的英语学习偏离轨迹，太简单轻松的游戏也会让大学生觉得没有挑战性而放弃。总之，高校英语课堂教学的设计必须要充分考虑到大学生的学习特点和学习需求，只有选择恰当的教学内容，并用具有一定挑战性的游戏任务，才能激发出学生们的强烈学习动机和持续学习行为。较为切实可行的做法是将大学生们的日常学习生活问题或任务与英语学习内容相结合，让英语的学习发生在真实或接近于真实的生活场景之中。总之，游戏指向特定性在高校英语课堂教学中的基本目的是让游戏的设计与使用要服从和服务于大学生英语的学习，让游戏使大学生英语学习的效果更佳。

（三）游戏广泛参与性

游戏的教学应用非常注意学习者在场景中的体验，一个没有良好体验的游戏绝不是一个好的游戏设计，一个不能将游戏元素和教学活动有机结合的设计也不是一个好的游戏化教学设计。而良好的游戏体验往往离不开游戏过程中鼓励学习者的积极参与，即游戏活动设计需要广泛参与性。如何让学生积极参与到教学游戏之中，常见的做法是采用竞赛性游戏设计，让学生按不同层次的分组参与。教学游戏体验成功与否的衡量标准是学生是否愿意贡献自己的力量，学生是否愿意接受挑战性任务和具有强烈的学习成就感。具体来讲，主要包含以下几点内容：第一，教学游戏的设计要兼顾学生们的全员参与和个性参与，让不同水平的学生都有用武之地；第二，教学游戏的设计要鼓励学生彼此之间的相互交流与合作，要体现学生的参与性和合作性；第三，教学游戏的设计与实施需要有效参与和深层参与；第四，教学游戏设计与实施的关键点还是活动设置的优劣，好则学生会积极参与，坏则学生会主动放弃。总之，游戏在教学过程中的应用是以鼓励学生积极参与课堂教学活动为根本目的的，只有学生积极主动参与到了课堂教学过程之中，学习效果才能得以改善和提升。

（四）游戏活动主动性

任何教学活动都需要学生们的积极主动参与，离开了学生们的参与，任何教学活动都会走向失败。尤其是在高校英语课堂教学中，游戏元素的考虑与设计实质上是让学生都主动参与到教学过程中，都产生积极主动地深层学习。即要想方设法地激发出学生们的学习兴趣和内在学习动机，并形成持续的学习动力以促使学生们的不断努力向前。为此，在设计游戏化教学时，就需要首先考虑教学活动应面向每一名学生，要让学生成为每一个教学游戏环节的主体，成为教学游戏活动的参与者和问题解决者。为此，需要一线的高校英语教师能够做到以下三点：一是要积极成为教学游戏活动的组织者和管理者，能够通过游戏元素来及时调控学生们的活动性，形成良好的教学活动行为；二是教学游戏活动的开展需要让学生们均有所参与，不能顾此失彼搞少数人的活动；三是团队性的集体游戏任务是首要倡导的，团队协作过程中才能更好地体现出学生们的活动主体性。

（五）游戏过程效果性

教学中游戏元素的设计与使用绝不是仅仅为了活跃课堂教学氛围或激发学生们的学习兴趣，而是有着更为负责的原因：通过教学游戏的设计来发现学生们学习过程的有效情况。一个优秀的游戏化教学教师总是能够针对教学的重点和难点，通过学生们在游戏过程中的表现，迅速发现他们的优缺点，并展开行之有效的即时指导。在课堂教学过程中，任何游戏的设计与使用都需要服务于教学目标的实现。通过将教学活动变得生动有趣来帮助学生们巩固所学和迁移应用。而且最为紧要的是，通过游戏的方式进行教学，教学活动会变得更有针对性和更加有效。而要让游戏的应用过程起到实时监控学生学习效果的作用，使游戏活动发挥出充分的作用，就需要确定好教学游戏设计的基本原则：激励性和竞争性兼顾。一线的高校英语教师应根据不同的教学内容，有针对性地设计和实施教学游戏，相对于游戏结果，更应该关注游戏过程中师生的交互活动和相应的交流体验效果。为此，需要学生们团队协作的集体竞争性游戏是广受欢迎的。教学活动以比赛游戏方式开展，既有学生个体之间的竞争，也有学生小组之间的合作与竞争，每位学生能够在教学活动中互相学习相互帮助，能够全身心地投身于游戏教学活动的全过程。

二、游戏化教学活动具体设计

游戏化教学的课堂教学实施方式主要有以下两种：第一种方式是在课堂教学活动中将游戏作为课堂教学支持的工具，应用在不同的教学环节中。可以是电子游戏，也可以是非电子化的各种传统课堂教学游戏，比如活跃课堂气氛的课前（集体）热身游戏、能将抽象概念形象具体化的模拟游戏（如角色扮演、情境再现等）、帮助学生理解知识的体验游戏或是帮助学生巩固知识的语言类游戏、计算机游戏和操作类游戏等，游戏的类型可以根据教学环境的不同、教学内容的不同进行选择；第二种方式是教学活动甚至是整节课程被设计成一个完整的游戏系统，学习内容通过游戏元素设计成一个个小游戏。这种方法适用于教学内容不能具体化、形象化表现和课堂教学环节较少的时候使用，教学内容对于学生过于陌生，容易导致学生们的学习积极性不高。而通过游戏元素的设计与使用，可以让学生快速地进入到学习状态中，全身心地参与到教学活动之上，进而能够很好地实现教学目标。在本研究中，将根据教学需要，采用两种游戏化教学方式相结合的形式来开展实施相应的教学，即一方面是在情境导入环节设计导入小游戏；另一方面是将新授知识结合游戏机制设计成一个完整的游戏，让游戏贯穿于整个课堂教学活动之中。

(如图高校英语课程的"五要素七流程"游戏化教学模式)

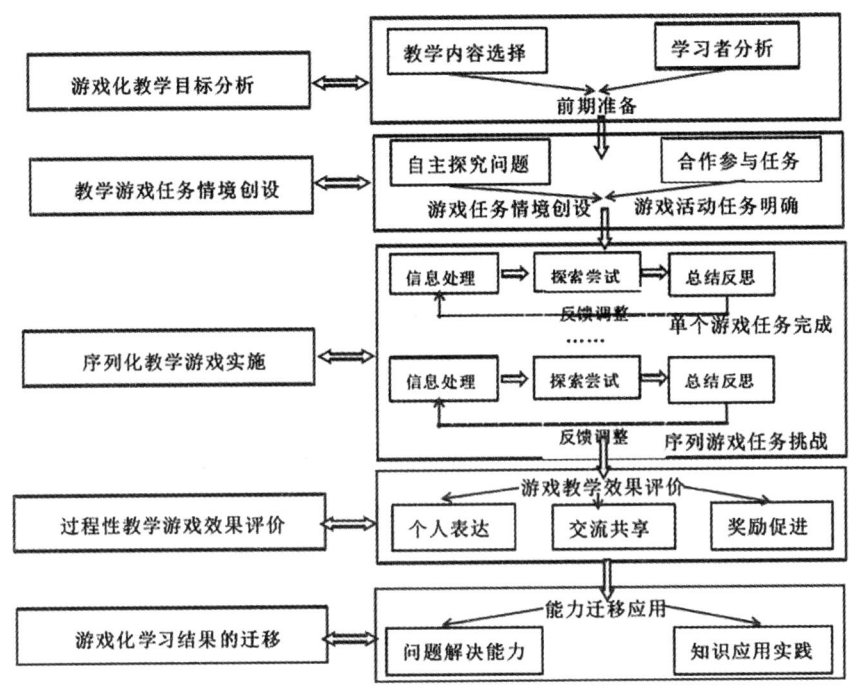

图6-1 高校英语课程的"五要素七流程"游戏化教学模式

整体上,该模式是在游戏化学习理论的指导下对常规教学进行补充和发展而形成的,所以游戏化教学模式的目标嵌套在宏观教学的三维目标(知识与技能、过程与方法和情感与态度)之下。实践条件则主要包括对教师对游戏化教学设计方面的相关要求,对学习任务进行分析、重组和系统设计,游戏化学习环境搭建,学生在游戏过程中的学习策略设计,先进教学媒体的技术支持等等。

(一) 核心要素分析

游戏化教学是一种新型的教学模式,其程序结构和操作流程都相对固定,具有较高的独特性。在目标定位过程中,实现教学在三维维度上的目标是游戏化教学模式的重点，尤其是学生在情感、态度价值观方面的目标；在操作程序上，与一般的教学模式不同，它更注重激发学习者的内在动机，旨在调动学生学习教学内容的热情，所以游戏化教学选择和设计合理的游戏显得尤为重要，游戏质量及与教学内容的契合程度将直接影响到学生的学习效果。要在游戏的设计或选择方面多下功夫，一堂课可以根据教学内容选择若干个小游戏，也可以用一个大型游戏贯穿课堂教学的始终；在游戏活动开展过程中，需要对教师的角色进行明确。教师需要充分发挥监督者和辅导者的作用，积极调动学生的主体参与性，让学生成为学习的主人，进而自觉地对知识进行构建。同时，游戏化教学模式严格要求学校环境，因此教师需要同时注重物质和心理两方面的学习环境构建，奠定游戏化教学的基础；在效果评价上，需要采用多主体、多维度的评价模式，保证全方面、系统地评价学生。

整体上要顺利实现游戏化教学需要注意以下几个核心要素：第一，游戏化教学目标分析。游戏化教学并不是万能的教学模式，不可能适合于一切教学内容。游戏化教学的采用必须根据学习者的认知特征和教学内容的特点分析来进行，尤其是需要根据教学目标的可操作性和可量化性等性质来综合考虑。实践已经证明，带有流程性的、竞争性和合作性、探索性和交流性的内容适合采用游戏化教学。第二，故事性游戏情境创设。游戏化教学的开展需要让学生们能够置身于一定的游戏情境中（往往是具有一定故事背景的代入性场景），情境中需要有探索性和奖励性，能够做到对学习者行为反应的及时反馈。无论是真实的还是虚拟的游戏情境，让学习者积极参与并及时反馈是根本，不能过于沉浸于对技术或娱乐效果的追求。第三，序列化游戏活动开展。游戏化教学是通过各种游戏活动来展开的，并不是所有的游戏活动都是对的，在课堂教学过程中使用的游戏活动要有一定的限定。问题驱动性和合作探究性的游戏活动适合在课堂教学中使用。课堂教学游戏活动的实施需要做到课堂环境中教学内容与游戏活动之间的有机结合。课堂教学过程中的游戏活动是需要有针对性的策略设计。第四，过程性的教学游戏应用效果评价。游戏化教学是一种过程性的活动过程，对其评价不能采用单一的结果性评价方法，而更应该重视过程性材料和学习表现的评定。尤其是学生们对游戏活动经验的交流共享，往往都融合了一定的教学内容学习经验的交流；第五，迁移性教学游戏学习结果应用。教学游戏的设计应用绝不是完成传统教学意义上的知识理解与应用，而是更加强调高阶思维能力的综合应用和问题解决能力的不断提升。教学效果好坏和学生学习成效还得需要通过学生们的实践问题解决程度来体现，需要通过学生们的创新活动得以落实。

（二）活动流程实施

基于上述对游戏化教学的理解（采用混合式游戏方式，即可以采用电子游戏和非电子游戏如人机直接游戏两种基本方式的混合）和对游戏核心要素的分析，本研究中所构建使用的高校英语教学中的游戏化教学基本活动流程（序列）主要包括前期准备、创设情境、明确任务、探索尝试、任务序列挑战、效果评价、迁移应用。游戏化教学基本活动流程需要做好以下几点。第一，前期准备，主要是为教学设计、教学实施提供依据，为课堂游戏化教学顺利的实施提供工具或者知识储备的支持；第二，情境创设，是为学生意义的学习创造氛围；第三，明确任务，主要是将学习目标呈现给学生，促进知识的学习；第四和第五是探索尝试和任务序列挑战，这两个环节是让学生在教师的指导和辅助下依据游戏规则主动参与游戏，进行体验探究学习，并通过奖励政策维持学习动机，能够自主的进行知识的学习和实践应用；第六，效果评价，主要是促进学生从课堂上获得的知识转入到长时记忆系统中，在教师的引导下，学生对游戏过程中存在的问题和错误进行回顾，同时发现一些学习的精彩片段，进而对知识进行巩固，对经验进行总结；第七，迁移应用，这是游戏化教学模式的最终环节，通过该环节可以让学生的学习积极性得以保持，同时维持学习动机，增加注意力的集中时间，同时还会扩展学生的学习视野，班级的凝聚力得以增强，学生的交流能力得以提升。在评价方式上，该模式形成性评价和总结性评价始终在游戏化教学中存在，既包括学习者学习层面的评价还包括课后教师对整个教学过程的反思的评价，体现评价主体的多元化、评价内容的多维化。形成性评价与总结性评价的评价结果用以修改整体教学过程。

第三节　高校英语课堂游戏化教学模式的实验研究

一、教学实验设计

（一）实验材料

实验用到的工具主要有调查问卷、访谈提纲。采用本研究自行设计的《大学英语课程测试卷》，先进行为期半年的高校英语课程教学实验活动，待教学活动实验结束后，用测试卷来测试学生们的高校英语课程学习成绩。然后，对学生们的试卷进行批阅并对结果进行相应的数据统计。最后，使用专门的统计软件，采用独立样本 T 来检验两个班级学生成绩的差异情况。基于此检验分析结果，验证在教学过程中应用游戏化教学模式是否可以提高学习成绩。

（二）实验对象

随机选取 L 大学二年级电子商务专业两个班为研究样本，并将这些学生作为本次教学实验的实施对象。选取原因在于两个班级的任课教师属于同一位教师，可以忽略教师的异同所带来的干扰。而且两个班级授课内容和课时一致，存在不同的因素主要包括主体教材和常用教具，还包括笔者设计的游戏化教学模式。大学二年级的学生学习意识强，学习习惯和学习行为较为稳定，既有独立的学习自主性，也具有卓越的学习合作性，能够积极参与教师的教学活动，并乐于进行各种有益的教学活动尝试。

（三）实验程序

在本次教学实验研究过程中，分别随机选取两个等质平行班的学生（每班各为50人）作为教学对象。针对同一教学内容，分别采用传统讲授式教学方法和游戏化教学模式教学法来进行教学，任课教师也均为同一名教师。经历一个学期的教学实施后，教师组织进行相应的高校英语学习情况测试。其中，传统模式对照组A组50人，游戏化教学模式实验组B组50人，分别发放测试卷50份，回收试卷50份，试卷回收率100%。在不同教学模式应用条件下，通过测试卷来测试学生对课程内容的记忆、理解与综合应用的效果，使用统计分析软件SPSS对A、B两组的实验结果数据进行独立样本T检验。

二、阅读游戏化教学的实验研究

（一）数据结果

1.学生阅读学习效果分析

（1）信息获取的效果。信息获取的对照组与实验组（独立样本T检验）如表6-3所示。

表6-3 信息获取的对照组与实验组（独立样本T检验）

小组	n	均值	标准差	t	P值	结论
对照组	50	74.36	5.619	-5.960	<0.05	显著
实验组	50	80.17	3.992			

由表6-1可知，首先，在方差齐性的Levee检验中，Fmax=1.981<2，根据拇指原则，对照组和实验组两组数据为方差齐性，两者数据

分布均为正态分布。然后,进一步对实验组和对照组两组的阅读学习整体效果进行独立样本 T 检验。数据显示,实验组(M=80.17,SD=3.992)确实比对照组(M=74.36,SD=5.619)更能促进大学生对英语阅读中的信息获取技能的掌握,|t(98)|=5.960,P < 0.05(单尾检验)。

信息获取各子环节的对照组与实验组(独立样本 T 检验)如表 6-2 所示。

表6-2 信息获取各子环节的对照组与实验组(独立样本T检验)

	维度	类别	均值	标准差	t	P 值	结论
信息获取	主旨要义(30分)	对照	22.15	3.762	−9.458	< 0.05	显著
		实验	28.36	2.721			
	作者态度和意图(30分)	对照	20.32	3.017	−12.955	< 0.05	显著
		实验	27.42	2.432			
	文章局部信息汇总(40分)	对照	19.05	3.352	−7.786	< 0.05	显著
		实验	23.63	2.463			

表 6-4 数据显示,在高校英语阅读理解信息获取环节的主旨要义子环节学习方面,实验组(M=28.36,SD=2.721)确实比对照组(M=22.15,SD=3.762)更能促进大学生掌握信息获取的技能,|t(98)|=9.458,P < 0.05(单尾检验);在获取作者态度和意图方面,实验组(M=27.42,SD=2.432)确实比对照组(M=20.32,SD=3.017)更能提升大学生掌握的效果,|t(98)|=12.955,P < 0.05(单尾检验);在文章局部信息汇总方面,实验组(M=23.63,SD=2.463)确实比对照组(M=19.05,SD=3.352)更能增进大学生掌握具体细节信息汇总的效果,|t(98)|=7.786,p < 0.05(单尾检验)。

(2)主题理解的效果。主题理解的对照组与实验组(独立样本 T 检验)图表 6-3 所示。

第六章　高校英语课堂游戏化教学模式

表6-3　主题理解的对照组与实验组（独立样本T检验）

小组	n	均值	标准差	t	P值	结论
对照组	50	76.34	3.673	−7.361	< 0.05	显著
实验组	50	81.19	2.866			

由表6-3可知，在方差齐性的Levee检验中，Fmax=1.64<2，说明对照组和实验组两组数据为均为正态分布状况，两者之间无差异。然后，进一步对实验组和对照组两组的主题理解能力学习整体效果值进行独立样本T检验。数据显示，实验组（M=81.19，SD=2.866）确实比对照组（M=76.34，SD=3.673）更能促进大学生对英语主题理解的掌握，|t（98）|=7.361，P<0.05（单尾检验）。

主题理解各子环节的对照组与实验组（独立样本T检验）如表6-4所示。

表6-4　主题理解各子环节的对照组与实验组（独立样本T检验）

	维度	类别	均值	标准差	t	P值	结论
主题理解	理解各种语法（25分）	对照	19.27	3.673	−2.572	< 0.05	显著
		实验	22.46	2.624			
	理解主从句的句法结构（25分）	对照	19.83	2.531	−7.941	< 0.05	显著
		实验	23.35	1.849			
	理解句段的标志（25分）	对照	20.96	3.520	−5.333	< 0.05	显著
		实验	24.25	2.577			
	理解词汇的意义（25分）	对照	18.06	4.062	−6.090	< 0.05	显著
		实验	22.39	2.662			

表6-4数据显示，在高校英语中的主题理解这一方面，在具体的各子环节中，采用游戏化教学的实验组和采用传统讲授式教学的对照组

之间还是存在着较为显著的差异。具体来讲，在高校英语阅读理解各种语法方面，实验组（M=22.46，SD=2.624）确实比对照组（M=19.27，SD=3.673）更能提升学生掌握的效果，|t（98）|=2.572，$P<0.05$（单尾检验）；在高校英语阅读理解主从句的句法结构方面，实验组（M=23.35，SD=1.849）确实比对照组（M=19.83，SD=2.531）更能提升学生掌握的效果，|t（98）|=7.941，$P<0.05$（单尾检验）；在高校英语阅读理解句段的标志方面，实验组（M=24.25，SD=2.577）确实比对照组（M=20.96，SD=3.520）更能增进学生掌握的效果，|t（98）|=5.333，$P<0.05$（单尾检验）；在高校英语阅读理解词汇的意义方面，实验组（M=22.39，SD=2.662）确实比对照组（M=18.06，SD=4.062）更能提升学生掌握的效果，|t（98）|=6.090，$P<0.05$（单尾检验）。

（3）分析推理的效果。分析推理的对照组与实验组（独立样本T检验）如表6-5所示。

表6-5　分析推理的对照组与实验组（独立样本T检验）

小组	n	均值	标准差	t	P值	结论
对照组	50	74.32	4.125	−8.483	< 0.05	显著
实验组	50	80.43	2.987			

由表6-5可知，在方差齐性的Levee检验中，Fmax=1.91＜2，说明对照组和实验组两组数据为均为正态分布状况，两者之间无差异。然后，进一步对实验组和对照组两组的分析推理能力学习整体效果值进行独立样本T检验。数据显示，实验组（M=80.43，SD=2.987）确实比对照组（M=74.32，SD=4.125）更能促进学生对英语阅读理解过程中的句法的掌握，|t（98）|=8.483，$P<0.05$（单尾检验）。

分析推理各子环节的对照组与实验组（独立样本T检验）如表6-6所示。

第六章 高校英语课堂游戏化教学模式

表6-6 分析推理各子环节的对照组与实验组（独立样本T检验）

维度		类别	均值	标准差	t	P值	结论
分析推理	阐述主旨事实与细节(25分)	对照	19.77	3.014	-8.490	< 0.05	显著
		实验	24.26	2.214			
	理解上下文逻辑关系(25分)	对照	20.12	2.986	-6.916	< 0.05	显著
		实验	23.76	2.221			
	进行一定的判断推论(25分)	对照	17.32	3.024	-6.338	< 0.05	显著
		实验	20.69	2.234			
	批判性评价（25分）	对照	18.64	3.516	-4.890	< 0.05	显著
		实验	21.76	2.827			

表6-6数据显示，在高校英语分析推理这方面，在具体的各子环节中，采用游戏化教学的实验组和采用传统讲授式教学的对照组之间还是存在着较为显著的差异。具体来讲，在高校英语分析推理阐述主旨事实与细节方面，实验组（M=24.26，SD=2.214）确实比对照组（M=19.77，SD=3.014）更能让学生取得更好地掌握效果，|t（98）|=8.490，P < 0.05（单尾检验）；在高校英语分析推理理解上下文逻辑关系方面，实验组（M=23.76，SD=2.221）确实比对照组（M=20.12，SD=2.986）更能提升学生掌握的效果，|t（98）|=6.916，P < 0.05（单尾检验）；在高校英语阅读判断推论方面，实验组（M=20.69，SD=2.234）确实比对照组（M=17.32，SD=3.024）更能增进学生掌握的效果，|t（98）|=6.338，P < 0.05（单尾检验）；在高校英语阅读批判性评价方面，实验组（M=21.76，SD=2.827）确实比对照组（M=18.64，SD=3.516）更能提升学生掌握的效果，|t（98）|=4.890，P < 0.05（单尾检验）。

2. 教师访谈

教师访谈是指教学结束之后，对任课教师进行访谈，主要了解任课教师在上阅读理解课过程中运用游戏化教学模式与高校英语课程教学诸环节融合的心得体会和应用情况。以下是访谈的问题与回答。

问：您对高校英语课程中阅读理解的目标的认识是什么？

答：关于阅读理解教学的目标主要有以下几点：第一，能够采用不同的阅读速度，基本读懂一般性题材的英文文章；第二，能基本读懂国内英文报刊，掌握其中心思想，理解其主要事实和有关细节；第三，能读懂工作、生活中常见的应用文体的材料；第四，能使用不同的阅读方法来实施有效的阅读。针对上述阅读理解的要求，我本人认为阅读理解教学在高校英语教学中属于较难的部分，主要是阅读理解的过程比较复杂，是一项涉及要素众多的技能。因此，阅读理解的教学主要是总结各种经验技能，将其教授给学生。

问：与传统的讲授式教学模式相比，您觉得游戏化教学在阅读理解讲授过程中具有什么优点？

答：与传统的讲授式教学相比，游戏化教学的过程更多的是侧重对各种阅读技巧和理解经验的比较和竞赛，通过游戏化设计能够让大学生更加深入地投入到英语学习的过程之中，能够更好地形成记忆痕迹和思维经历，确实能够增加大学生的学习兴趣和提升大学生的学习效果。尤其是涉及大学生阅读速度、阅读量和阅读技巧等方面的游戏竞赛，不仅能够激发出学生的内部学习动机，而且还能够显著地提升学生们彼此之间相互交流的机会，促进其完成各种经验成果的沟通交流，形成思维共鸣并持续提升。

（二）分析讨论

随着高校英语课程改革的不断深入，在高校英语教学中英语阅读教学扮演着越来越重要的角色，发挥着重要的实践应用价值。实际上，阅读是一个极其复杂的学习活动，阅读过程中有着各种各样复杂的心理活动参与。由于这个特点，大学生往往会在英语阅读过程中产生各种困惑，遇到各种各样的障碍。只有熟悉英语阅读的机制，了解和掌握各种破解问题的方法，才能够有效地提升自身的阅读能力。英语阅读理解的基本过程包括两个参与主体和一个中介，即作者——阅读材料——读者。整体上，英语阅读理解过程是一个主体通过中介双向互动交流的过程，即作者通过阅读材料告知读者相关信息，读者则通过材料获知作者传输的信息。

在阅读的过程中，有效交流沟通的关键是准确了解和破解交往双方的信息编码。阅读理解绝不是一种被动的过程，更不是一种死记硬背与机械理解的行为，而是一个由一系列心理活动（如感知、思考、推理、评判、判断、想象等）构成的主动认知过程。目前大学生的英语阅读理解质量尚存在不足，在学习效率方面有着长足的发展空间的效率低下现象，主要原因是大学生们疏于方法训练，不能够调动自己各方面的才智灵活地将所学知识、技能和经验与现有情境进行快速准确的衔接，从而也就不能快速准确地掌握阅读文章要表达的信息。为此，在英语阅读学习中，首要解决的问题就是调动学生们的各种英语学习才智，丰富他们的阅读体验经历。很多一线的高校英语教师尝试用各种教学方法来达成此目的，其中运用游戏化教学方法的居多。一线教师将英语阅读的各种策略设计成游戏的形式，通过竞争或合作的方式鼓励学生积极参与，从而达到快速有效提升学生英语阅读能力的目的。越来越多的游戏化教学应用实践研究表明，游戏化教学在高校英语阅读训练过程中可以发挥出良好的正向促进作用，游戏化教学是值得在高校英语教学中积极推广的一种教学模式。

三、翻译游戏化教学的实验研究

（一）数据结果

1. 学生翻译学习效果分析

（1）翻译理论与技巧掌握的效果。翻译理论与技巧掌握的对照组与实验组（独立样本 T 检验）如表 6-7 所示。

表6-7 翻译理论与技巧掌握的对照组与实验组（独立样本T检验）

小组	n	均值	标准差	t	P值	结论
对照组	50	82.35	3.982	−8.267	< 0.05	显著
实验组	50	88.16	2.679			

由表 6-7 可知，首先，在方差齐性的 Levee 检验中，Fmax=1.79 < 2，说明对照组和实验组两组数据为方差齐性，数据分布均为正态分布状况，两者之间无差异。然后，进一步对实验组和对照组两组的词法学习整体效果值进行独立样本 T 检验。数据显示，实验组（M=88.16，SD=2.679）确实比对照组（M=82.35，SD=3.982）更能促进大学生对英语翻译中翻译理论如表 6-8 所示。与技巧的掌握，|t（98）|=8.267，P < 0.05（单尾检验）。

翻译理论与技巧掌握各子环节的对照组与实验组（独立样本 T 检验）如表 6-8 所示。

表6-8 翻译理论与技巧掌握各子环节的对照组与实验组（独立样本T检验）

	维度	类别	均值	标准差	t	P值	结论
翻译理论与技巧	翻译理论（25分）	对照	39.25	3.034	−4.158	< 0.05	显著
		实验	41.47	2.246			
	翻译技巧（25分）	对照	38.94	2.796	−8.773	< 0.05	显著
		实验	43.28	2.102			

表 6-8 数据显示，在高校英语翻译理论与技巧维度的翻译理论掌握方面，实验组（M=41.47，SD=2.246）确实比对照组（M=39.25，SD=3.034）更能形成学生良好的学习效果，|t（98）|=4.158，P < 0.05（单尾检验）；在高校英语翻译理论与技巧维度的翻译技巧掌握方面，实验组（M=43.28，SD=2.102）确实比对照组（M=38.94，SD=2.796）更能提升学生翻译技巧的掌握效果，|t（98）|=8.773，P < 0.05（单尾检验）。

（2）英汉互译掌握的效果。英汉互译的对照组与实验组（独立样本

T 检验）如表 6-9 所示。

表6-9　英汉互译的对照组与实验组（独立样本T检验）

小组	n	均值	标准差	t	P值	结论
对照组	50	76.28	3.162	-6.689	< 0.05	显著
实验组	50	80.32	2.871			

由表 6-9 可知，在方差齐性的 Levee 检验中，Fmax=1.21 < 2，说明对照组和实验组两组数据为均为正态分布状况，两者之间无差异。然后，进一步对实验组和对照组两组的句法学习整体效果值进行独立样本 T 检验。数据显示，实验组（M=80.32，SD=2.871）确实比对照组（M=76.28，SD=3.162）更能促进学生对英语翻译中英汉互译能力的掌握，|t（98）|=6.689，P < 0.05（单尾检验）。

英汉互译各子环节的对照组与实验组（独立样本 T 检验）如表 6-10 所示。

表6-10　英汉互译各子环节的对照组与实验组（独立样本T检验）

维度		类别	均值	标准差	t	P值	结论
英汉互译	单句互译（20分）	对照	12.09	2.732	-6.776	< 0.05	显著
		实验	15.33	1.992			
	复句互译（20分）	对照	9.37	2.996	-9.853	< 0.05	显著
		实验	14.56	2.213			
	从句的使用（20分）	对照	10.58	3.367	-6.330	< 0.05	显著
		实验	14.36	2.548			
	转换和结构调整的使用（20分）	对照	10.34	3.048	-12.537	< 0.05	显著
		实验	17.25	2.429			
	文体类型的转换与应用（20分）	对照	13.46	3.752	-7.062	< 0.05	显著
		实验	18.17	2.857			

表 6-10 数据显示，在高校英语翻译中英汉互译这一大的方面，在

具体的各子环节中，采用游戏化教学的实验组和采用传统讲授式教学的对照组之间还是存在着较为显著的差异。具体来讲，在高校英语翻译中的单句互译掌握方面，实验组（M=15.33，SD=1.992）确实比对照组（M=12.09，SD=2.732）更能促进学生的掌握，|t（98）|=6.776，$P<0.05$（单尾检验）；在高校英语翻译中复句互译学习方面，实验组（M=14.56，SD=2.213）确实比对照组（M=9.37，SD=2.996）更能提升学生掌握的效果，|t（98）|=9.853，$P<0.05$（单尾检验）；在高校英语翻译中从句的使用学习方面，实验组（M=14.36，SD=2.548）确实比对照组（M=10.58，SD=3.367）更能增进学生掌握的效果，|t（98）|=6.330 $P<0.05$（单尾检验）；在高校英语翻译中转换和结构调整的使用掌握方面，实验组（M=17.25，SD=2.429）确实比对照组（M=10.34，SD=3.048）更能促进学生掌握的效果，|t（98）|=12.537，$P<0.05$（单尾检验）；在高校英语翻译中文体类型的转换与应用掌握方面，实验组（M=18.17，SD=2.857）确实比对照组（M=13.46，SD=3.752）更能促进学生掌握的效果，|t（98）|=7.062，$P<0.05$（单尾检验）。

2.教师访谈

访谈的问题与回答如下。

问：您对高校英语课程中翻译方面的知识讲授和教学要点的认识是什么？

答：对大学生进行系统化的翻译理论与技巧教学。所以，在实际的高校英语教学中学生在翻译的过程中会出现各种问题，如翻译障碍和语言障碍等。本人对高校英语教学大纲要求的理解认为，高校英语教学中过多地强调了对大学生阅读能力的培养，而对大学生翻译能力的提升则要求不高且过少。因此，一线的高校英语教师和大学生都需要重新认识高校英语教学中听、说、读、写、译五个方面的地位和价值，辩证地看待他们之间的关系，积极转变自己的思想观念，将英语翻译放到重要的地位上去思考去落实。同时，要积极转变课堂教学模式，创造新的教学方法，将教师的"教"和学生的"学"有机地结合起来，让学生对英语翻译产生兴趣，形成持续学习的动机，只有这样高校英语的翻译教学才能取得良好的效果。

问：与传统的讲授式教学模式相比，您觉得游戏化教学在翻译讲授过程中具有什么优点？

答：在传统的高校英语课堂教学中，教师往往处于教学主体和中心的位置上，而学生则处于学习的被动接受者地位，学生们的学习活动仅限于课堂之上和书本之中。但是现代信息技术的发展，尤其是网络技术的广泛应用，已经促使传统的"三统一"（即统一上课时间、统一上课进度、统一课程考试）的高校英语课堂教学形式走向开放、共享互认和多元化。在当今的大学班级中，由于大学生在兴趣、能力、思维方式和职业志向等方面的差异，他们的英语学习需求和目标指向也会发生着深刻的变化。大学生在高校英语课程的学习过程中需要的是有效的、互动的体验，能够激励他们学习，并帮助他们处理不同的现实情况，他们需要积极参与学习过程，这就是基于游戏的学习会进入视野的根本原因。在高校英语翻译教学实践中，通过积极探索并创造出具有竞争性、趣味性、参与性、合作性、创新性、多元性的教学游戏，可让英语翻译教学更加趣味化。

（二）分析讨论

在现有的高校英语教学体系中，翻译教学也是极其重要的内容和组成部分之一，它是学生根据不同文化的差异来对英语加以综合应用的能力，翻译教学旨在培养学生的语言理解能力和提升学生的表达能力。

学生翻译能力的培养与发展离不开教师的引导和重视，只有教师重视翻译教学的重要性病积极引导学生们参与到翻译教学活动之中，才能形成学生翻译学习的良好氛围和积极向上的学习心态。对教师而言，英语教学的质量和效率的提升还有赖于翻译教学环节的成功实施。总之，英语翻译的实质是两门语言代码之间的转换，主要经历理解、表达、校对三个关键环节，尤其需要调动翻译者对两种语言或文化的理解与综合运用能力。相对于传统的讲授式教学模式，在诸多的新型英语翻译课堂教学模式中，游戏化教学是目前能有效提升大学生翻译能力的重要教学方法之一。随着信息技术手段的日趋成熟和丰富，英语教学游戏也越来越能够适应大学生的认知特点和学习需求。同时，网络技术在教学中的广泛应用，使得翻译教学走向开发和共享。

四、写作游戏化教学的实验研究

（一）数据结果

1. 学生写作学习效果分析

写作学习的对照组与实验组（独立样本T检验）如表6-11所示。

表6-11 写作学习的对照组与实验组（独立样本T检验）

小组	n	均值	标准差	t	P值	结论
对照组	50	73.24	3.067	-15.88	< 0.05	显著
实验组	50	82.19	2.542			

由表6-11可知，首先，在方差齐性的Levee检验中，Fmax=1.46 < 2，说明对照组和实验组两组数据为方差齐性，数据分布均为正态分布状况，两者之间无差异。然后，进一步对实验组和对照组两组的写作学习整体效果值进行独立样本T检验。数据显示，实验组（M=82.19，SD=2.542）确实比对照组（M=73.24，SD=3.067）更能促进学生对英语写作的学习，|t(98)|=15.88，P < 0.05（单尾检验）。

写作学习各子环节的对照组与实验组（独立样本T检验）如表6-12所示。

表6-12 写作学习各子环节的对照组与实验组（独立样本T检验）

维度		类别	均值	标准差	t	P值	结论
协作	一般性短文写作（25分）	对照	14.65	3.306	−9.816	< 0.05	显著
		实验	20.36	2.447			
	常见应用文写作（25分）	对照	18.22	3.324	−6.998	< 0.05	显著
		实验	22.34	2.506			
	描述性写作（25分）	对照	21.26	3.753	−2.913	< 0.05	显著
		实验	23.17	2.723			
	明辨性写作（25分）	对照	13.94	3.358	−9.450	< 0.05	显著
		实验	19.65	2.642			

表6-12数据显示，在高校英语写作教学中，在具体的各子环节中，采用游戏化教学的实验组和采用传统讲授式教学的对照组之间还是存在着较为显著的差异。具体来讲，在高校英语写作的一般性短文写作方面，实验组（M=20.36，SD=2.447）确实比对照组（M=14.65，SD=3.306）更能促进学生的掌握，|t（98）|=9.816，P＜0.05（单尾检验）；在高校英语写作中常见应用文写作学习方面，实验组（M=22.34，SD=2.506）确实比对照组（M=18.22，SD=3.324）更能提升学生掌握的效果，|t（98）|=6.998，P＜0.05（单尾检验）；在高校英语写作中描述性写作学习方面，实验组（M=23.17，SD=2.723）确实比对照组（M=21.26，SD=3.753）更能增进学生掌握的效果，|t（98）|=2.913，P＜0.05（单尾检验）；在高校英语写作中明辨性写作学习掌握方面，实验组（M=19.65，SD=2.642）确实比对照组（M=13.94，SD=3.358）更能使大学生掌握效果更佳，|t（98）|=9.450，P＜0.05（单尾检验）。

2. 教师访谈

教师访谈调查是采用游戏化和传统化两种教学模式进行教学后，将任课教师列为访谈对象，主要目的是了解和掌握任课教师在写作课上使用游戏化教学模式进行教学对其与高校英语课程教学诸环节融合的心得体会和应用情况。以下是访谈内容

问：您对高校英语课程中写作方面的知识讲授和教学要点的认识是什么？

答：听、说、读、写四项基本技能是高校英语教学体系的重点内容。然而，在这四项基本的需要习得的技能中，写作一直是当代大学生英语学习能力中相对薄弱的环节，而导致这一问题出现的主要原因就是高校英语写作课时的有限和相应的写作教学方法的陈旧单一。高校英语课程标准明确指出，高校英语写作旨在通过教学让大学生学会写作的基本技能（选词、造句、段落发展和整体构思写作），掌握运用写作技能进行沟通交流的实践能力，学会各类文章的书写与应用。尤其是通过对描写文、记叙文、说明文和议论文等文体文章的写作训练，掌握英语写作的技能，学会明辨性思维写作和理性科学论证。因此，迫切需要通过革新传统的高校英语课堂教学模式，积极探索创造新的教学模式或方法，来促进英语写作教学走向有效、有趣和高效。

问：与传统的讲授式教学模式相比，您觉得游戏化教学在写作课讲授过程中具有什么优点？

答：现在高校英语课程教学中，大家普遍使用的英语写作教学方法是面向结果的讲授教学法。这种教学方法的典型特征就是只关注文章成品，忽视英语写作的过程。而且还存在机械灌输写作技巧和知识的弊端，因为其一般是针对某一类型的文章，采用剖析典型范文的方法来进行。不鼓励大学生的批判性思维和个性化见解，只是单纯地要求大学生能够仿照范文写出一篇类似作文即可。这种方法短期内确实可以看到效果，但从长远来看却扼杀了大学生的创新思维能力。英语写作作为英语语言应用的重要一环，其目的也是用来交流使用的。所以，写作英语教学的目的是让学生能够将所学发挥出来，如果大学生没有足够的交流需

第六章 高校英语课堂游戏化教学模式

要,就没有多大的动机去学习写作。因此,需要将英语写作的诸多需求转成一个游戏任务或项目活动,将写作过程融入游戏的教学法会从根本上改变传统单一僵化的写作模式,有利于构建出过程性写作教学法。

(二)分析讨论

在高校英语课程改革的发展进程中,除了对学生的英语口头表达与交际能力的重视之外,对学生的英语综合应用能力要求也在不断地提高。在诸多英语综合能力提升的表现中,英语写作能力的提升效果不太明显。为此,现有的高校英语写作教学需要充分结合学生学习兴趣的激发,系统讲授英语写作的知识技能,积极改进英语写作的教学方法,进而能够大幅提升学生的英语语言综合应用能力和英语写作水平。许多一线的高校英语教师针对写作训练,也纷纷提出了各式各样的新型教学理论和方法,如过程教学法、范文模仿法、语言意识教学法、任务驱动教学法、语法翻译教学法等等。游戏化教学能够较为明显地提升学生们的学习兴趣,同时也能系统地展示高校英语写作的知识逻辑系统,因而受到越来越多师生的喜欢。研究表明,游戏化教学在高校英语写作训练方面,能够有效地促进师生和生生之间的课堂教学交互,能够大幅提升教师和学生们的教学兴趣或学习动机,能够显著地提升学生们的英语写作水平。

通过传统讲授式教学模式和游戏化教学模式的对比实验,可以发现在高校英语课程教学中,采用游戏化教学模式能够显著地提升教师们的英语教学效果。首先表现在教师的教学满意度高,采用游戏化教学能够克服传统教学的枯燥无味,增强教学的趣味性和参与性。其次,采用游戏化教学也能够显著地提升教师们的教学效率。尽管教学准备的时间长度有所增长,但是教学的效果却得到显著的提升。

在学生学习效果方面,游戏化教学也呈现出较为明显的效果。尤其是在高校英语课程课堂教学的四个环节中,阅读和写作两个环节表现最为显著,语法和翻译两个环节也有不错的表现。整体上,游戏化教学较传统课堂讲授式教学更能够激发学生的学习动机和学习热情，提高学习满意度，产生更好的学习效果。基于游戏化教学的高校英语教学模式，能够变得更加有效、有趣和高效。

第七章 高校英语教学模式创新与实践展望

第一节 教学个性化

一、个性化教学的概念

个性是影响学生学习的一个关键因素，也是教育教学研究的基本出发点。总体来说，个性是一个较为复杂的心理现象，很难界定出准确的概念，且研究角度不同，为个性所下的定义不尽相同。

从哲学角度来看，个性是指单一事物的个体性、独特性，以及此事物和其他物的差异性。世界上每一种事物或现象都作为个体而存在，它们的存在和发展呈现不同的形态，表现为个体性，独特性。正是事物的这种个体性、独特性使事物、现象彼此相互区别开来。学生的个性则是指各个学生比较稳定的特征，表现在气质、性格、智力、意志、情感、兴趣、爱好、特长、思想品德等方面，是每个学生的个体性，独特性。

从心理学角度来看，"个性"常常作为一种心理系统来进行分析。

从教育学角度来看，"个性"是指建立在生理基础之上，并受社会和文化影响的内心世界。这里的"个性"涉及个体感受的各个方面，如一个人的信念、理想、价值取向、思维方式等。它包含个体所具有的一切独特性，包括反映个体的全部精神面貌以及个体之间稳定特征的差异性。在教育学中，"个性"被视作多层次，多维度的心理结构，具体包括心理结构系统，如性格、气质、情感、智力、意志；动力系统，如信念、兴趣、动机；调节系统，如自我认知、自我调控、自我评价等。

个性化教学有多种英文表达，以 individualized teaching 和 individualized instruction 为例，前者强调的是教学过程中师生之间，学生与学生之间以及学生与学习资源之间的互动；后者强调的是学生可以按照自己的步调进行学习及参与制订自己的学习日程，它往往与非正规的课堂教学联系在一起。尽管这些表达之间存在细微差异，但无论哪个术语，都包含了以下几项内容。

第一，教学活动针对一个既定的教学目的，即教学需要充分地发挥每个学生的个性与个别性。

第二，在培养目标一致的情况下，可以有变通的教学形式、方法等，可以运用个别的、小组的和集体的形式。

第三，学生在个性化教学中可以充分发挥自己的学习自主性，充分考虑学生的兴趣、意愿与需要。

可见，个性化教学实际上指的就是根据不同个体的个性特点，采用不同的教学方法和途径以达到预定的培养目标。教师可以采用个别教学，小组教学或班级教学等教学组织形式，抑或是几种教学形式穿插使用，可视具体教学需求灵活运用。需要指出的是，个性化教学与普通教学在教学手段和教学条件等方面大致相同，并非一种特殊的教学手段，其在实践过程中，仍要以教材为依托，以课堂为平台，只是这种教学方式为教师和学生提供了更大的个性展示空间。

另外，个性化教学也不是对传统教学的否定，并不意味着教师可以随心所欲地授课，它要求教师要以教学目标为指导，以学生为教学重心，遵循英语教学规律，由浅入深、循序渐进地开展教学。

而英语个性化教学就是教师在教学过程中，在课堂上、在一切教育的时空中，尊重每一个学生的个人价值，最大限度地发展其潜能，以使学生在遵守普遍性原则的前提下，能够真正有效地用英语进行交际。英语个性化教师十分注重教学活动中教师和学生的平等地位，强调通过师生之间、生生之间的互动，使学生的心理逻辑以及知识逻辑达到和谐统一，从而使英语学习成为一个不断螺旋上升发展的过程。在英语个性化教学中，教师要采用形式多样的教学方法和手段，引导学生进行自主学习，使学生在不断地体验和探索中一步步提高英语综合能力。

随着社会发展的日新月异，不同时代的人们对同一个问题的认识和理解会有所不同，即使同一时代，人们对同一个问题的认识和理解也很难完全一致。因此，个性化教学是英语教学法的发展趋势，是顺应新的教学理念的表现，这一教学法的开展有利于素质教育的提高和学生个性化的发展。

二、个性化教学的提出背景

（一）经济与社会发展的需要

随着我国经济的迅速发展、社会的不断进步，以及与国外政治、文化、经济交流的日益频繁，我国对英语人才的需求越来越大，同时对英语人才的要求越来越高。也就是说，现在人们不仅重视他们的实际应用能力以及创新能力，可见，经济与社会的发展为高校英语个性化教学的提出起到了重要的推动作用。为了适应社会的发展要求，英语学习者不仅要注重英语阅读与写作能力的培养，同时要重视听力和口语能力的提高，使自己的英语综合能力得到发展。

（二）教学质量提高的需要

在现在的英语教学中，很多学校都在实行统一的规范化教学。不可否认，这种统一的教学大纲和测试体系曾对英语教学产生过巨大的促进作用。但这种规范化的教学也在一定程度上阻碍了英语教学质量的提高，束缚了英语教学的发展。所以，为了顺应我国社会的发展形势，提高英语教学质量，有必要在英语教学中实施个性化教学。

（三）信息技术的支持

随着我国经济实力的增厚以及对教育的高度重视，各个高校的校园网络建设以及计算机的配备有了很大的发展，这就为学生通过校园网和计算机学习英语提供了物质条件。通过校园网和计算机，学生不仅可以学到听、说、读、写、译等各方面的内容和知识，还可以扩大自己的视野，了解更多课堂上涉及不到的关于英语的内容，培养自主学习的能力。所以，计算机、校园网等信息技术的发展为大学英语个性化教学的实施提供了有力的技术支持。

三、个性化教学的原则

（一）教学目的个性化

教学目的个性化是指要培养的个性化人才，而不是规格化、标准化的人才，不是千人一面，而是人人生动活泼，具有丰富多彩的表达方式，具有冒险和创新精神。

教师应该认真对待每个学生的特质、兴趣和学习目标，并尽可能地帮助他们了解自己的潜能。此外，教师应根据教学内容、教学对象的不同创造性地设计各种适宜的、能够促进学生充分发展的教学方法和策略，使学生能向他人展现他们所学的、所理解的内容的方式去了解和掌握教学材料。随着时间的推进，学生会积极主动地寻求与自身智力相匹配的教学机会，最大限度地发挥其自身潜能。这样，教学的个性化色彩越来越浓，学生与学生之间的差异也越来越明显，大大增加了学生学习成功的可能性。

（二）教学内容个性化

1.个性的多样性与课程的选择性

不同学生倾向于不同类型的学习方法，如创造性学习、理念性学习、经验性学习或理解一个主题、构思一个故事、描述一个人物的特征等。个性化教学就是要使人尽其才，使每个学生的潜能与优势都得到最大限度的发挥。因此,建立课程的选修制度,适应学生主体的多样性是促进学生个性自由发展的必由之路。

从操作层面上说,应优化教学资源,结合学生情况开展选修课程。此外,还应进行课程的分化与调整,做到在分化中调整,在调整中分化,使课程的设置和安排尽量与学生的个性化差异相符合。

2.自我的完整性与课程的综合性

个性化教学以培养学生的自由人格为目的。自由人格就是有自由德行的人格,在实践和认识的反复过程中,理想化为信念,成为德行,就是精神成了具有自由的人格。这种自由人格是在"基于认识世界和认识自己的交互作用过程"中实现的,因此课程的综合性就非常必要。课程必须具备一定的综合性,这是培养学生自由人格的前提和基础。

(三)教学形式个性化

教师只有将学生内在的动力激发出来,他们的潜能才能得到充分发挥,并逐渐养成自主学习的行为、习惯、态度和精神,才可能达到预期的学习目标。因此,采用什么样的教学形式是至关重要的问题。对于学生来说,学习活动是发生性的,这就意味着教学必须是个性化的,要受学生的经验、意向、兴趣、水平等因素的影响。

教师应对学生的情况做汇总和分析,并在此基础上采取小班化教学、个别辅导、小队教学、同伴辅导、探究性学习、合作学习、自主学习等多种形式来弥补传统教学的不足。此外,教师还应在实践过程中不断总结经验、不断创新。

四、教学个性化教学的实施

(一)改变教学观念

1.树立个性化教学观念

要想实行个性化教学,首先要改变传统的教学观念,树立个性化教学观念。教师作为个性化教学的实施者，身上担负着重要的责任，这是因为教师的教学观念直接影响着教学的开展。所以，为了保证英语个性化教学的顺利实施，教师必须转变教学观念。具体来讲，教师要实现两个转变：就教学目标而言，要从原来的以阅读和写作为主向以听和说为主转变，全面提高学生的语言综合能力；就教学主体而言，要从以教师为主向以学生为主转变。在具体的教学过程中，教师不仅要向学生传授英语知识，同时要培养学生自主获取知识的能力；不仅要让学生掌握学习语言的规律与方法，同时要引导学生积极思考，培养学生的自主学习能力；不仅要确定学生的主体地位，还要兼顾学生的情感、个性、智力的需求，更要明确自己的主导地位。

2.摒弃应试教育思想

转变教学观念还包括摒弃以往的应试教育思想，树立以培养学生英语使用能力及全面发展学生个性为目标的教学观念。为了更好地实行英语个性化教学，必须改变应试教育思想，树立新的评级机制，保证学生全面发展。

（二）运用现代化教学手段

1.运用多媒体与网络进行教学

现代化的教学手段是指在教学中运用多媒体和网络等新的教育技术。多媒体和网络在教学中的应用有着传统教学手段不能比拟的优势，如多媒体和网络可以为学生创造优美的学习环境；可以刺激学生多方面的感官，强化学生的记忆；可以激发学生自主学习，培养学生的自我调节能力；可以丰富教学内容，节省教学时间。为了使教学手段呈现现代化，更好地完成个性化教学任务，英语教学应做到以下几点。

（1）要为英语教学提供教学硬件设施的支持，如增设多媒体教室等。

（2）对英语教师进行关于现代化教学设备的使用的培训，主要包括多媒体课件的制作以及网络课堂的开设等。

（3）为学生使用多媒体和网络进行英语学习提供条件，使学生有充分的时间进行自主学习。

2.注重教学方法多样化

在英语教学过程中，教师除了要适当运用多媒体和网络进行教学外，还要注意使用多样化的教学方法，以保证个性化教学的有效实施。具体来讲，教师可采用以下教学方法进行教学。

（1）不能忽视英语基础知识的传授，同时要注重学生综合应用能力的培养，更要做到基础知识传授与综合应用能力培养相辅相成。学生应用能力提高了，有助于其对基础知识的理解和吸收；学生基础知识得到提高，也有助于其应用能力的提高。实际上，英语基础知识并非只包括大家普遍认为的语音、词汇、语法等文化知识，学生的经验和学生的形态知识等都属于基础知识，基础知识是一个综合统一的系统。

（2）培养学生的自主学习能力，使学生成为独立的学习者是英语教学的主要目标之一，而要想实现这一目标，教师除了要教授学生知识外，还要教会学生使用各种学习策略。具体教师可以通过以下方式来培养学生使用学习策略。

①明确教师的需求，了解学生正在使用的学习策略以及这些学习策略的有效性。

②选择恰当的学习策略，并对学生加以培训。

③将策略培训与正常的教学活动结合起来。

④准备专门的材料和活动，鼓励学生使用学习策略。

⑤促使学生有意识地将学习策略运用到学习活动中，并逐步使学生养成使用策略的习惯。

（三）充分尊重学生

1.尊重学生的主体地位

学生是学习过程的主体。教师在英语教学过程中应该尊重学生的主体地位，做到处处以人为本、以学生为主体，与学生平等对话、与学生合作学习，只有这样才能突出学生的主体地位，充分发挥学生的主体作用，提高学生学习英语的积极性和主动性，从而有效地提高英语教学效果。

教师在英语教学中充分尊重学生主要有以下三方面的含义。

（1）帮助学生认识并确立自身的主体地位。这就要求教师在日常的教学过程中，注重培养学生自我管理、自主学习的能力，引导学生积极主动地参与教学活动，并养成独立思考问题的习惯。

（2）英语教学工作的安排和设计都要以学生为中心，在教材的选用方面也要充分考虑学生的心理特点以及兴趣爱好等。

（3）英语课程的每个环节的设计都要考虑到学生的需求，课堂中穿插的活动也要以学生为中心，以学生的需求为依据。

总之，尊重学生的主体地位是实施个性化教学的关键。教师只有尊重学生的个性差异，发挥学生的自主精神，才能帮助学生不断培养和提高自身的综合素质。

2. 尊重学生的个性发展

个性化教学实施的前提是充分尊重学生的个性，这是素质教育的要求，也是教学发展的需要。学生的个性和英语教学是密切联系的，二者相辅相成，互相作用。在具体的个性化教学中，教师应该注重对学生综合语言素质的提高，同时需要加强学生的德行教育，促进其个性的良性发展。学生的个性发展对培养学生全面发展具有重要意义，这一意义是由以下几个原因决定的。

（1）个性是素质教育的重要出发点。随着我国现代化进程的逐渐加快，社会的不同领域需要各种各样的人才，那么，如何才能在相同的教育制度下培养出不同的人才是教育者需要思考的问题。显然，只有以学生的个性特征为出发点的个性化教学才可能培养出学有所长的人才。也就是说，素质教育必须尊重学生的个性特征和主动精神，以开发学生的智慧潜能为教学重心,以培养学生的健全个性为教育根本,这样的教育才能适应社会的发展需求,才能培养出有理想、有道德、有文化的全面发展型人才。

(2)个性倾向性影响个体的素质发展。个性倾向性是推动人进行活动的内在驱动力,也是个性发展中最为活跃的因素,它决定人想要做什么,想要追求什么。可以说,人对外界的认知和态度的选择与趋向都取决于人的个性倾向性。个体倾向性具体而言包括需要、动机、兴趣,爱好、态度、理想、信仰和价值观,这些因素对个体素质发展的影响具体体现在以下几个方面。

①理想和信念对素质发展的影响。理想和信念是人不断发展和前进的精神动力,无论是对工作、学习还是生活都起着重要的激励作用。科学的、坚定的理想和信念往往可以推动人们满腔热情地投入到想要追求的事业中去,才有可能取得重大成就。可以说,理想和信念是人生的推动器。

②需要和动机对个体素质发展的影响。需要是动机的一种刺激,有需要就会有动机,有动机才会有行动,因此需要和动机对个体的素质发展有着引发和强化行动的功能。例如,你想要了解某个知识,会去看相关的书籍;你想要买衣服,就会去逛商场;你想要锻炼身体,就会每天坚持跑步。可见,人的需要是动机的诱因,有了动机才会付诸行动。在个性的形成和发展过程中,个体的需要和动机表现出明显的差异,这也使得需要和动机对行动发挥指向性作用,也就是说,不同的个体有不同的需求和动机,这些需求和动机促使他们向满足自身需求的方向努力,他们的行为就会表现出一定的指向性。因此,要想培养个体在某一方向上的素质,必须使个体对某一方向具有需要和动机。

③兴趣和爱好对个体素质发展的影响。兴趣和爱好可以激发个体的求知欲。人们通常会对感兴趣的事物产生探索和求知的欲望,这一欲望驱使他们主动地去寻求答案。相关调查结果显示,一个学生对不同的学

科有着不同的兴趣，不同学科的成绩也相差很大，感兴趣的学科的成绩一般比较理想。可见，兴趣和爱好是学生学习的内在动力，重视学生的兴趣和爱好有利于提高教学效果，培养学生的学习积极性和创新精神。

3. 尊重学生的自尊心理

自尊是任何人类行为中最有渗透性的方面，对人类行为具有十分重要的影响。甚至可以说，一个人没有一定程度的自尊、自信和对自己的了解，就无法进行任何成功的认知和情感活动。

自尊是指个人所做的并习惯性地保持的评价。自尊表达出赞同或反对的态度，表明个人对自己的能力、意义、成功和价值相信的程度。就英语教学而言，学生的学习效率和效果受到自尊心的重要影响，而学生的自尊心很大程度上来源于教师对学生的尊重。因此，每个教师都有责任尊重学生的自尊心，即使学生身上有各种各样的缺点，也不应表现出忽视或轻视的态度，而应多关注学生身上的闪光点，并予以肯定，这样才能帮助学生更好的进步。

人们的自尊并不是与生俱来、固定不变的，其形成和发展变化会受外部因素的影响。人们的自尊来源于自己和别人沟通交往的经验积累，来源于周围的价值评价。成人的总体自尊相对稳定，一般不会轻易改变，而处于成长期的青少年的总体自尊则会因为受到外部环境的影响而发生变化。同时，由于没有性格或认知特征在任何时候、任何情形都一成不变，所以自尊被分成以下三个不同的层次。

（1）（1）第一层为总体自尊。总体自尊是指一个人对自己整体价值的感受和评价，包括对自己能力、价值和特点的认知和信念，以及对自己的情感和态度。总体自尊是一个人对自己的肯定和尊重程度的体现，它影响一个人的情绪、行为和社交关系等方面。一个拥有高度总体自尊的人，通常会表现出自信、乐观、独立、勇敢、自主等特点，能够积极应对生活中的挑战和压力，并拥有良好的人际关系。反之，一个总体自尊较低的人，则会表现出自卑、消极、悲观、疑惑、易受影响等特点，面对生活中的困境和挑战时,可能会感到无助和无能为力。总体自尊对个人的心理健康和成长具有重要的影响。

(2)第二层为情景自尊或特别自尊,指一个人在某些特定场合,如社交、工作、教育、家庭等场合对自己的评价,或对某些单独定义的特征如智力、交际能力、运动能力或性格特征的自我评价。一个人的特别自尊的程度往往依赖于具体的场合或所讨论的特征。

(3)第三层是任务自尊,它与特别情形中的特别任务联系。

任务自尊是指在完成某项特定任务时,一个人对自己能力和价值的认识和信念。任务自尊通常与特别情形中的特别任务联系在一起,因为在特殊情况下,人们需要完成一些特殊的任务,在高压下完成一项重要的工作,或在危急情况下执行紧急任务。在这些特殊情况下,任务自尊可能会受到挑战,因为完成这些任务需要一定的技能和勇气,而且成功与否与个人的任务自尊心紧密相关。例如,一个消防员在火灾现场需要扑灭火势,这时他需要快速地做出决策并采取有效的措施。在这个过程中,他需要充分地信任自己的能力,并相信自己有足够的技能和勇气来完成这项任务。如果他没有足够的任务自尊,就会感到自卑和不安,这将影响他的表现。因此,任务自尊在特别情况下的特别任务中非常重要,它能够影响一个人在关键时刻的表现和决策,对任务的完成具有重要的影响。

为了更好地理解自尊的以上三个层次,我们以教育领域为例进行解释:一个人的总体自尊是他对自己的接受能力和勤奋程度的评价;情景自尊则是指学习某一科目(如英语)时表现的自我评价;而任务自尊则指学习某一科目的某个方面,如口语、写作或听力的自我评价。

三层自尊都与口语表达有密切的联系,其中以任务自尊与口语表达的联系最为紧密。另外,自尊在外语学习中是一个非常重要的变量,尤其是从外语学习的跨文化因素方面考虑。在我国,英语是一门外语,英语教学是一项跨文化教学活动,这就使学生的自尊心对其英语学习的效果具有更为重要的影响。

另外，现代心理学研究表明，青少年的自尊心不仅十分强烈，而且十分敏感、脆弱，而学生恰好处于这一特殊时期，这就要求教师在与学生交往中，注意尊重、爱护和培养学生要求上进的自尊心。

综上所述，一个人的学习效果以及所取得的成就都受其自尊心的影响。人的尊严来源于人的自尊，而教师对学生的尊重是学生的自尊心的最重要来源。因此，在英语教学中，教师应该尊重学生的自尊心。任何一个学生都有成为教师喜欢、欣赏的学生的美好愿望。即使学生身上存在这样那样的缺点，教师也不应该忽视他们、轻视他们，而要坚持认为他们是可教育的。总之，教师应该注重尊重学生的自尊心，积极发现他们身上的优点，肯定学生身上的优点，这样才有利于学生的进步。

第二节 学习自主化

一、自主学习的定义

因为人们对事物的研究立场和研究方法不同，所以对自主学习的理解也有很大差异。对于自主学习的内涵，不同学者的意见也不统一。

仅西方不同学派的学者就给出了不同的解释。

以维果茨基为代表的维列鲁学派指出："从本质上说，自主学习是一种言语的自我指导过程，是个体利用内部言语调节自己学习的过程。"[①]

以班杜拉为代表的社会学习理论学派指出："从本质上说，自主学习是学生基于学习行为的预期、计划与行为现实之间的对比、评价，并且

---

① 维果茨基.思维与语言[M].李维，译.杭州：浙江教育出版社，1997：59-94.

第七章 高校英语教学模式创新与实践展望

对学习进行调节与控制的过程。"①

以弗拉维尔为代表的认知建构主义学派指出:"自主学习其实是元认知监控的学习,是学生根据自身的学习能力、学习任务的要求,积极主动地调整学习策略与努力程度的过程。"②

可见,从不同的角度出发,自主学习的本质有很大不同,本书主要从两个层面对其进行界定,即广义层面和狭义层面。广义上的自主学习是指人们通过运用多种手段与途径开展有目的、有选择地学习活动,进而实现自主发展的社会实践活动。狭义上的自主学习是指学生在教师的指导下,自觉能动地、创造性地学习,实现自主发展的教育实践活动。狭义的自主学习即学校教育范围内的自主学习,学生为学习活动的主体,教师的指导、师生有效的交流互动是前提与条件。学生自觉、独立,主动地参与学习,从而实现学生的自主发展是教学活动的目的。

对于如何衡量学生的学习是否是自主的,可以从两个维度进行考量:横向维度和纵向维度。从学习的各个方面或者维度综合界定自主学习属于横向维度。假如学生自身对学习的各个方面均能自觉地做出选择与控制,其学习就是充分自主的。具体而言,假如学生的学习动机是自我驱动的、学习内容是自主选择的、学习策略是自主调节的、学习时间是自我计划与管理的、学生就可以主动营造有利于自身学习的物质条件,并且可以对学习结果进行自我判断与评价,那么其学习就是充分自主的。假如学生在以上方面完全依靠他人的指导或者控制,那么其学习就是不自主的。从学习的整个过程对自主学习的实质加以阐释即纵向维度。假如学生在开展学习活动前能自己确定学习目标、制订学习计划、做好相应的准备,在学习活动中可以对学习进展、学习方法进行自我监控、自

---

① 班杜拉.社会学习理论[M].陈欣银,李伯黍,译.北京:中国人民大学出版社,2015:91-132.
② 弗拉维尔,米勒.认知发展[M].邓赐平,刘明,译.上海:华东师范大学出版社,2002:155-169.

我反馈与自我调节,在学习活动之后可以对学习结果进行自我检查、自我总结、自我评价与自我补救,那么其学习就是自主的。假如学生在整个学习过程中完全依靠教师或者他人的指导与调控,其学习就是不自主的。

自主学习是学生自己主宰自己的学习,通过学习培养其自主意识,促进其积极主动学习,实现自我完善和发展。因此,自主学习不应停留在技能的掌握及知识的学习上,要注重对学生自身内在的了解和改进,如学生的自我认识、内部动机的激发以及元认知的发展。教师既要引导学生在知识、技能上的自我提升,培养学生自主学习的态度、习惯与能力,又要指导学生自行去实践、去发现;既要立足于学生当前的学习,又应着眼于学生的终身学习,让学生在积极、主动的学习过程中,实现自我认识、自我教育、自我管理以及自我完善。

二、自主学习的必要性

(一)信息化社会的发展需要自主学习

进入 21 世纪,为了适应科技飞速发展的趋势,适应职业转换与知识更新频率加快的要求,人们逐渐意识到仅凭借在学校学到的知识和技能已经难以适应飞速变化的环境,难以满足不断变化的社会对职业的要求。未来社会是一个继续学习的社会,每个人都要学会终身学习。终身学习能力将会成为一个人必备的基本素质,终身教育的实现必须以个体的终身学习为保证。在未来的发展中,学生是否具有竞争力、是否具有巨大的潜力、是否具备在信息时代轻松驾驭知识的本领,从根本上说取决于学生是否具备终身学习的能力,让学生在学校期间学会学习成了诸多国家重视的一个问题。未来的文盲不是不识字的人,而是没有学会怎样学习的人。而终身学习通常不在学校进行,也没有教师的陪伴,完全靠一个人的自主学习。由此可见,世纪人类生存的基本能力之一就包括了自主学习能力。

（二）实现现代英语教育的目标需要自主学习

提高学生的交际能力和全面素质，是现代教育的一个目标。大学英语教学的目标是培养学生的英语综合应用能力，尤其是听说能力。同时增强其自主学习能力，提高综合文化素养，以适应我国社会发展与国际交流的需要。并且要充分利用现代信息技术，采用基于计算机和课堂的英语教学模式，改进以教师讲授为主的单一的教学模式，以达到大学英语课堂改革的目标之一，促进学生个性化学习方法的形成与学生自主学习能力的发展。

（三）学生个体的发展需要自主学习

首先，自主学习可以促进学生个体的发展。促进学生的自我发展是自主学习的最终目标。发展学生主体性是自主学习的宗旨。传统的教育观念认为，知识是一个积累的过程，而主体性教育就特别注重知识、能力的发展过程中，学生是如何主动、积极地习得各种知识和能力的。自主学习的最终目标是学生主体性的发展。当人们处理自己与自然、社会的关系时，人们对环境的积极改造是首位的，在改造环境与变革社会的过程中实现人的发展和社会历史的进步。在学习中，学生的主体地位是在学生从事主动学习的实践活动中实现的，学生是学习的主体，不但要学习科学文化知识，而且要了解自己的学习特征，根据自己的能力选择认知策略。

其次，自主学习可以促进学生主动性的发展。主动性的发展主要体现在五个方面：适应性、选择性、竞争性、合作性和参与性。自主学习对这五个方面均有促进和提高的作用。人类改造社会的实践均是在有目的、有计划，有理性的指导下展开的，这也是人类生存和发展的基础。与此同时，自主学习还培养学生的主动意识、主动精神，是培养学生创新精神的重要基础。

最后，自主学习可以促进学生自觉性的发展。自觉性要求学生要有浓厚的学习兴趣,能掌握学习的方法,能坚持学习,做到主动学习和自我控制。在自主学习过程中,学生是在自己的兴趣驱使下积极、主动地学习的,并且在学习中掌握多种学习技能与方法。学生除了要正确、客观地对自己进行评价,还应适时激励和调节自己的行为,拥有健康的心理品质。

三、自主学习的要素

现代心理学指出,学生要做到自主学习,应该满足三个条件:一是心理要达到一定的发展水平,二是要有内在的学习动机,三是应具备一定的学习策略。具体来说,总结为如下三点。

(一)能学

即自主学习要以一定的心理发展水平为基础。在一定程度上,自我意识的发展会推动自主学习能力的形成和提升。通常,一、二年级的小学生因为没有形成自我意识,所以缺乏一定的自我监控能力。因为这一年龄段的学生掌握的学习技能较少,所以不适合将主要的教育目标放在培养学生的自主学习能力上。小学三年级之后,学生的自我意识有了一定发展。这一年龄段的学生能对自己的学习过程进行初步的监控,掌握了一定的学习技能,并且可以对学习结果进行简单的自我评价,所以能就学习的某一方面进行自主性教育。进入初高中之后,学生的自我意识会得到显著发展,学习更具有目的性和独立性,对学习的监控和自我评价能力得到进一步提升。这一阶段的学生已经掌握了一定数量的学习策略,在课堂教学之外,可以较为自觉地安排自己的学习活动;加之这一阶段的学生的可塑性更强,通常认为是促进他们自主学习的最佳时期。对于大学生,他们的自主学习能力已经有了相当程度的发展,具备独立的确定学习目标、制订学习计划、选择学习内容、运用学习方法、监控学习过程、评价学习结果的能力。

（二）想学

即自主学习应具备内在的学习动机。与自主学习相关的内在学习动机的成分具体涉及自我效能感、目标意识、价值意识、内归因倾向和兴趣等。自我效能感是学生对自己是否有能力从事某种学习的判断，是学生自信心在某项学习任务的具体化。作为一种动机因素，自我效能感对自主学习的影响体现在自我效能感高的学生在学习任务的选择、学习策略的运用、学习自我监控、学习的坚持性等方面均优于自我效能感低的学生。学生对学习目标及意义的认识就是目标意识。目标意识对自主学习的影响体现在自主学习的学生更倾向于设置具体的、近期的、可以完成的学习目标，而帮助低动机的学生学会设置目标有利于促进他们的自主学习动机。价值意识即学生将学习与自己的需要联系起来，认为学习"有用"，如将学习与自己的前途联系起来，将学习与满足自己的求知欲联系起来等。促进自主学习的一个重要动力就是对学习的高价值意识。内归因倾向是将学习的好坏归因于自己的素质，如自己的努力程度、能力大小、学习方法好坏等。通常，内归因倾向的学生更倾向自主学习。作为一种动机成分，兴趣对自主学习有着较大影响，学生对某一门课程越有兴趣，其学习就会越主动和自觉。

（三）会学

会学是指自主学习要以一定的学习策略为保障。学习策略主要有两类：一般性的学习策略和具体的学习策略。前者适合于任何学科的学习，如设置学习目标、做出学习计划、管理学习时间、理解学习内容、评价学习结果和调控学习时间等。后者适用于具体的学习内容，如做笔记、复述、背诵、划重点、列提纲、做小结、画示意图等。自主学习既要有一般性的学习策略，又要有具体的学习策略。目前，较为有效的自主学习策略主要有以下几种：包括自我评价，组织和转换信息，设置目标和做出计划，寻求信息，记录和监控，根据学习结果进行自我奖惩，复述和记忆，寻求教师、同伴和其他成人的帮助，复习笔记、课本，测验题等。学会自主学习的学生对这些策略的运用显然要多于学习自主性差的学生，这些策略的运用情况也能在一定程度上解释学生之间的学习水平的差异。

四、指导学生开展自主学习的方法

（一）为学生创设情境，营造良好的课堂气氛

在教学过程中，教师应尽可能为学生创造自主合作的学习情境，让学生在合作的环境下，培养独立思考和自主学习的能力，充分激发学生的学习兴趣，使学生成为学习的主人，营造浓厚的课堂氛围。

（二）提升学生的参与意识，学会质疑

"学起于思，思源于疑"。教学的根本目的是引导学生主动的思考，而思考的起点就是疑问。"疑"可以让学生在认知上感到困惑，出现认知冲突，形成探究性反射，从而产生思维活动。

（三）为学生留有充足的时间，创造自主思索的空间

教师要将学习的主动权留给学生，尽量用启发、引导的方式激发学生的学习欲望，提高学生的自主学习兴趣。在实践过程中，教师要给学生足够的时间去操作、思考和交流，将教师的教学活动转化成学生的主动求知，从而培育学生的自主学习意识。

（四）让学生体会到成功带来的快乐，师生共同分享成果

在自主学习过程中，对学生通过自己的努力获得的知识，教师要给予评价，多鼓励，少批评，共同分享学生的成功带来的快乐。这样不但能加深学生对知识了解掌握的程度，而且能激发学生学习的积极性，真正使学生愿学、善学和乐学。

第三节 教师专业化

一、教师专业化的定义

英语教师专业化是英语教育的必然要求。高等教育既注重专业知识的传授,又注重专业技能和实践能力的培养,以职业化和实践性为导向和目的。高等教育既然具有职业性和实践性的特点,那么英语作为世界流行语言,应用范围如此广泛,实用性如此之强,高校英语教育必然是高等教育的重点。然而高校学生也有一部分英语水平突出的,这也造成了学生英语水平参差不齐,英语教学不好进行。针对这样的情况,对于高校英语教师队伍的要求就要更高,因此高校英语教师专业化的发展是必然的。

1966年联合国教科文组织与国际劳工组织提出的《关于教师地位的建议》中说明,教师工作应被视为专门职业。这种专门性,就决定了教师这个职业不能由非教师的职业所替代。教师职业要求教师有扎实的专业知识、过硬的专业技能和高尚的职业修养。专业化的"专业"两个字强调了教师这个职业必须经过专门的教育或是训练才能胜任;专业化的"化"字,则突出了专业的发展是一个动态的过程,是不断改进和不断完善的过程而不是静止的、一成不变的。教师专业化的定义很多,有的定义是针对教师整个职业的专业化,有的定义是针对教师个人的专业化。结合高校教学的特点及英语教学的特点,笔者认为,高校英语教师专业化指的是高校英语教师经过持之以恒的学习和训练,不断扩展各种知识,升华英语专业知识,提高英语应用能力和实践能力,培养英语科研能力,全面提升自身素质,不断成长,不断成熟的过程。

二、教师专业化发展的重要性

一方面，21世纪是开放合作的时代，世界格局随着现代交通、现代通讯等技术的发展快速调整，经济全球化使得"小世界、大家庭"成为现实，教育资源的国际化配置，教育要素的国际化流动与分享和教育理念的国际化交流使我国的整体教育逐步走上了国际舞台，教育质量和水平在不断汲取国际先进教育经验和逐步本地化的过程中得到稳步提升，其中，高等教育是受到教育国际化潮流影响最为深刻、改革要求最为迫切的关键节点。

高校要服务国家"走出去"战略，与企业合作，开展技术培训，满足企业发展需要和高技能劳务输出需要；要积极开展中外合作办学，引进优质教育资源，提升办学水平。

由以上可见：高校英语教学应该立足于"走出去、引进来"，应该更加注重高校英语教育的实用性和针对性，使学生能够用得上、用得好，并为他们将来的终身学习打下良好的基础。

目前，虽然我国高校英语教育取得了一定的成绩，但在国际化潮流下，依然显现出了一些不适应的地方。解决问题的关键，就在于高校要建立一支专业化发展的英语教师队伍，能够敏锐洞察到职业教育英语教学的需求并及时更新教学内容，能够积极捕捉国际先进的教学方法并为己所用，能够通过高质量的教学科研和深刻的教学反思提高自己的教学能力和教学水平，从而使培养具有国际适应力、竞争力的高素质从业者成为可能。

另一方面，英语教师专业化发展是实现"教学相长"目标的必然途径。关于教与学之间的关系，早在《礼记·学记》中就有相关的论述："是故学然后知不足，教然后知困。知不足然后能自反也，知困然后能自强也。故曰教学相长也。"在现代教育体系中，教师与学生是互惠关系。教师作为讲授者同时也是受益者，学生在受教育的同时也能够影响教师，由师生的良性互动构成了一个生机勃勃的生态课堂系统，教师和学生在教学过程中能够实现自身的价值，共同取得进步。教师专业化可以帮助教师在整个教学过程中，不断扩充其专业知识，提高其专业技能，培养其科研能力，提高自身职业修养，全方位完善教学能力、提高专业素质。教师素质的提高影响着教学的改进，也影响着学生的学习情况。教师专业化的过程既是教师提高的过程，也是学生受益的过程，是师生共同成长的过程。

三、教师专业化发展策略

（一）高校要加强英语师资队伍的建设

1. 吸收高素质的专业教师

随着各个高校不断扩招，本科毕业生和硕士毕业生越来越多，高校在招聘新教师时掌握了更多的主动权和选择权。高校在吸收新教师时，要从"学以致用"下功夫，注重提高教师学历水平的同时，更要注意新教师所掌握的英语知识是否符合当前高校所设专业的需要，是否具有从事高校英语教育的潜在素质。这种潜质不仅仅体现在英语水平上，还体现在其是否具有广泛的知识面，除英语外是否具有符合专业要求的其他特长，是否具备将英语实践技能和使用能力结合起来运用的意识等。

2. 防止高素质高校英语教师的流失

鉴于目前高水平的高校英语教师缺口较大，而且一个高水平的英语教师不仅可以传授给学生扎实的知识和实用的技能，更可以为毕业生的就业增加成功可能。因此，高素质的英语教师往往会成为其他学校乃至培训机构"挖墙脚"的目标。在目前形势下，高校要切实采取措施留住高素质英语教师，要突破传统的论资排辈式的教师管理方法，破格给待遇、给职务，还要给尊重，给关心，多管齐下，使高素质英语教师成为学校的名牌。稳定住了高素质的英语教师，这些教师可以为其他教师做榜样，用其号召力来影响其他教师的发展和进步。

3. 经常开展开放式英语教师培训

为了提高高校已有的师资力量素质，高校应经常进行开放式英语教师培训，即高校组织英语教师到相关企业和公司进行培训、实践，践行"走出去"的发展目标。高校组织教师到相关的企业或公司进行实地考察，了解企业和公司中如何应用英语，应用什么样的英语。教师只有亲身经历过，才能知道教学中的重点难点，教学目标该如何设定和选择哪种教学手段，才能更好地服务于教学。开放式培训是英语教师进行英语实践活动和总结实用的英语应用技能经验的重要途径，对于英语教师实践能力的提高是至关重要的。高校必须重视与企业的关系，对于大型的知名企业或是公司，高校应该与之建立长期的合作伙伴关系，可以选送教师进行实地的培训，也可以为公司输送优秀的毕业生去实习。

开放式培训的开展时间分为假期培训和在校教学时间培训。如培训时间在假期，高校应组织教师参加培训，让每位教师都有机会去提高完善。如培训时间是在校教学时间，高校应该分批组织进行，根据本校学生多，教师数量有限的情况，学校可以抽取相关专业的优秀英语教师，一次派出2～3名去学习，既可以保证学校英语教学的继续开展，优秀教师也可以结束培训后向其他教师传授知识和经验。

（二）营造浓厚的英语教师专业化发展氛围

1. 开展创新形式和内容的英语教学竞赛活动

有竞争才会有提高。在组织教学竞赛时，一定要注意创新形式和内容。除了常规的听评课、板书设计、说课等活动外，要针对高校英语的学科特点，组织英语情景剧表演、模拟与外商谈判、举行进口设备说明书翻译攻关等。创新形式和内容的英语教学竞赛，通过创设逼真的职场情境来考察教师和学生在职场挑战的表现，既有利于展示教师"教"和学生"学"的成果，也有利于锻炼教师和学生的实践能力。

2. 创新英语教研活动的形式和内容

流于形式的教研活动既耽误时间又起不到应有的作用，所以，开展教研活动，一定要注意形式和内容的创新。比如采取"头脑风暴法"对教学重难点进行集体攻关，对教材的内容进行进一步补充完善、通过远程教育网与国内外同行进行视频音频交流等，这种在内容和形式上都有所创新的英语教研活动，可以让教师在有限的时间内高度集中精力，大脑高速运转，研究热情高涨，从而取得事半功倍的效果。

3.实现先进的英语教学设施和资源的共享

高校英语教育由于需要创设大量的情境，因此对语音室、网络资源、多媒体设备的需求较高，同时对教师个人的信息技术水平也有较高的要求，高校的英语教师使用现代教育技术设备的水平较为薄弱，一定程度上会影响教学质量的提升。为解决这一问题，高校要给英语教师配备较为齐全的设备和充足的教学资源库，同时利用学校计算机专业优势，对高校英语教师进行培训，实现英语教师教育教学方法与现代教育技术的完美结合。

（三）高校要培养英语教师树立并形成教师专业化发展的意识

教师专业化发展是一个不断完善、不断提高的动态过程。教师是教学专业化的主体，主体的行动受意识的驱动和影响。只有形成专业化发展的意识，才会有自我完善的行为。只有增强专业化发展的意识，才能不断促进自我完善和自我提高。

1.增强专业化发展意识的方法

为了保持英语教师专业化发展的意识，英语教师应该有明确的职业规划。高校英语教师应确定在各个年龄段，自己的知识和能力应该达到什么样的水平，自己的职业应该有什么样的发展和成就，并根据每个阶段的职业目标制定实现目标的具体实施方案。该方案中应该着重体现以下内容：个人的英语水平和能力的成长预期、个人英语教学水平和技能的成长预期、培养学生进入社会后取得的成就和遇到的困难等。每过一段时间，教师可以对自身的能力素质情况进行分析、对职业上的进步与不足进行审视，提高自己的教学水平，以取得更大的发展。

2. 增强专业化发展意识的注意事项

不管教学的对象是基础差的学生还是基础稍好一点的学生，教师不能因为学生的反应而停止或放弃自身素质的提高。不管教学中遇到什么样的困难，教师都要坚持专业化发展的信念，通过不断学习新知识新技能去解决教学中的各种问题。教师要有迎难而上的精神，通过自己不断努力去克服困难，将自我完善的意识和终身学习的信念时刻放在心里。

（四）进行彻底全面的英语教学反思

教学反思分为个体反思和集体反思，这里指的是教师的个体反思。教学反思本身是一个发现问题—分析问题—解决问题—再发现—再分析—再解决的循环过程，在这样的过程中，教师的教学水平才能逐步提高。高校英语教师在面对不太乐观的英语教学状况时，必须进行彻底全面的教学反思，才能不断提高自己，改进教学，促进自身专业化的发展。

1. 进行英语教学前反思

高校英语的教学情况非常复杂，学生英语水平参差不齐。英语教师必须进行教学前反思。首先反思本学科、本教材、本单元、本课时与学生的学习基础。本学科和本教材之间有什么联系。本单元内容与前面教学内容有什么不同，预计学生会有什么样的反应。本课时处于本单元的什么地位，起着什么作用。学生对于本课时的内容是否有所了解。

在反思好以上信息后，根据教材和学生情况来确定教学目标。教学目标不能太大太宽泛，应对本课时要让学生掌握哪些英语知识、培养学生哪方面的英语应用能力、引起学生哪方面的情感共鸣等做出详细的规定。

确定了教学目标之后，要根据教学目标和学生的英语状况来确定英语教学的重点和难点。教学重点是这一课时学生务必掌握和学会的，而难点是教学内容中学生难以理解、需要花力气才能掌握的知识和技能。同时教师要反思在教学中利用什么方式突出教学重点和解决教学难点。

教师还要反思这个课时应采用哪些教学方法和教学手段。针对本课程的特点和本课时的教学内容确定哪些教学方法更能吸引学生的注意力，激发学生的学习兴趣，使学生真正参与到课堂中来。交际教学法注重学生用英语进行交流的能力，任务教学法可以激励学生的积极性主动性，合作教学法有利于学生间取长补短和团体意识的培养等等。教学手段的选择也要为达到最佳的教学效果而服务。

2. 进行英语教学中反思

教学中反思是教师容易忽视的反思部分。高校英语课堂有时比较沉闷，英语教师要想改变这样的课堂氛围，必须进行教学中反思。教学中反思指教师在课堂上对于教学实践活动的反思。教学中反思要求教师有很高的课堂驾驭能力，可以敏锐地发现课堂上的各种细节，根据实际情况及时有效地做出调整，保证教学活动的良好顺利开展。

在实际的课堂教学中，会出现很多教师实际教学前没有预想到的情况，所以教学中反思是最考验教师教学能力的环节。在此环节中，教师要对自己的教学行为做出反思，对学生的反应和课堂中的互动进行反思。教师对于自己的教学行为做出反思，包括课堂的导入是否恰当；各个教学环节是否衔接得当；教师的角色是否把握好；教师的语言、教师的动作是否得体，教学中使用多媒体是否必要等等。教师对于学生的反思，要求教师要集中精力关注学生的反应，根据学生的不同眼神、不同动作，及时调整自己的教学方法、教学思路。在师生互动中，教师要反思，自己是否为教学营造了轻松平等民主的环境；自己是否为学生的思考留下充足的时间等等。总之教师要时刻关注学生的学习过程，关注使用的教学方法和教学手段，关注教学达到的效果，及时调整原来的设计思路和教学步骤。

3. 进行英语教学后反思

教学后反思是教师经常进行的反思，指的是教学实践活动结束后教师通过仔细回忆或者听、看讲课时的录音、录像，对教学各个方面进行反思的过程。反思包括对于教学内容的反思、对于教学过程的反思和教学策略的反思。在高职英语教学中，教师要重视教学目标的设立是否恰当；教学的重点在课堂中是否突出；教学中哪个步骤不好；哪些教学方法适合这样的课程；学生的反应是否热烈；学生是否真正扩展了知识；学生的英语应用能力是否得到了锻炼。

4.纵向反思与横向反思相结合

每位英语教师，不仅要与其他教师的教学活动相比较，进行横向反思；也需要与自己以前的教学活动进行比较，进行纵向反思。只有不断超越自己，才是最大的进步，教师应跳出自我，对以前和现在的教学进行分析，获得更多的教学经验。教师一般很重视进行横向反思，但反思的力度不够。在进行横向反思时，英语教师应主动与其他教师的教学做比较，同时更要以开放的态度欢迎其他教师批评指正。

教学反思不仅仅要从教师的角度进行，还可以从学生的角度来开展，了解学生对教学的看法，可以通过与学生的聊天，或者对学生进行问卷调查等方式，更直接了解学生对课堂的要求和需要，有利于教师跳出自己的思维，对教学进行更全面的了解和改进。

（五）教师要加强自身学习

教育教学理论知识是教师从事教育工作的基础。不理解教育学、心理学等教育理论的教师与对教育学、心理学等知识有深刻认识的教师的教学水平差距很大。只有真正理解教育教学理论，教师才能更好地组织好教学，设计教学，理解学生的心理和需要，逐步引导着学生学会自主学习，让学生不断成长。教师要更加深入地去领悟理论知识并将这些知识运用到自己的教学中去。没有系统学习过的教师，要自己找机会弥补这一不足，彻底学懂学会这些知识，做一名具有更高教育能力的教师。

英语教师教授的是英语。教师教授语言自然要用到语言学的理论知识。语言学知识如果能够很好地应用于英语教学，可以加深学生对于英语的认识，有助于学生更好地了解英语的基本知识，有利于促进学生的语言研究兴趣。同时语言学中的很多理论对于学生学会英语有一定的帮助作用。英语教师首先要有丰富的语言学理论知识，才能更好地影响学生。

（六）教师要提高自己的科研能力以及信息技术使用能力

1. 多参加课题研究

课题研究是教育科学研究最常见、最基本的方式，也是教师培养科研能力的重要途径。高校的英语教师在课题选择上，要注意选择与学生专业密切相关的内容，即以学生的成长性学习为核心，注重跨学科、跨专业进行研究。这样一来，课题研究就成为有源之水，有本之木。同时，课题研究也与高校的英语教育实现了有机结合，有利于对课题成果进行验证和推广。

2. 培养抽象思维和创新思维

要想做好科学研究，提高自己的科研能力，英语教师要多培养自己的抽象思维和创新思维，这是进行科学研究需要的思维能力。教师在教学中多总结，多提炼，多创新。教学活动也是科研活动，教师要有意识地锻炼自己的抽象思维能力和创新能力，促进科研能力的提高。

3. 教师继续提高信息技术使用能力

现代教育离不开信息技术的使用。现代信息技术作为英语教学的媒介，起着不可忽视的作用。传统的英语教学方法就是听录音、读课文、背课文。英语教学通过运用投影仪、多媒体等信息技术可以让学生更真切地感受到教师所传达的信息，也能更好地置身于一个英语学习的环境中。信息技术的应用有利于英语教学达到更好的效果。

教师作为课堂的引导者，要想更好地进行教学，就必须掌握信息技术技能，能灵活运用信息技术为英语教学服务。教师通过自主学习或是专门培训熟练地操作多媒体、投影仪等工具。对于常用的教学软件包括课件制作软件 Author ware、音频视频处理软件、图像处理软件 ACDsee、办公软件 office 等等，英语教师应该有一定的操作能力。掌握这些软件，并将其运用到教学中，可以为英语教学的开展和实施提供便利条件。

(七)教师要加强实践培训和学历学习

高校的英语教育侧重培养学生的英语应用能力和实践能力。所以,高校的英语教师也需要有较高的英语应用能力和实践能力。高校英语教师,很少有过企业或是公司的工作经历,课堂上讲授的内容多以理论知识为主,因此英语教师必须要加强职业培训和实践培训,才能满足高校英语教学的要求。

在强调"双师型"教师培养的背景下,高校的英语教师除了参加学校组织的企业公司培训外,要自己创造机会去体验企业公司内部的英语实践活动。实践出真知,实践是最好的老师。英语教师可以通过去企业公司实践,更真切地理解英语的应用,根据实际中所需要的英语技能,英语教师在课堂上可以调整教学内容、教学方法去培养学生的英语技能,这样的教学更符合高校英语教学的职业性和实践性要求。

高校的英语教师还要创造机会提高自己的学历水平。根据自己的专业和发展需要利用假期时间进行系统的学习和培训,争取将自己的学历再上一个层次。最重要的是在提升学历的过程中真正扩展自己的专业知识,加强自己的科研能力,让自己的理论水平和知识水平真正得到进步。

在平时,英语教师可以自学英语行业的相关知识。随着英语的普及,对英语的要求越来越高。虽然一个教师不可能把所有的行业英语都学会,但可以选择社会上使用频率最高的1~2门行业进行学习,一方面满足教学的需要,一方面扩展自己的英语知识。

参考文献

[1] 纽曼. 大学的理想 [M]. 徐辉，顾建新，何曙荣，译. 杭州：浙江教育出版社，2001.

[2] 彭忍钢. 英语教学的探索与思考 [M]. 西安：陕西人民出版社，2009.

[3] 郝维谦，龙正中. 高等教育史 [M]. 海口：海南出版社，2000.

[4] 胡春洞，王才仁. 英语教学交际论 [M]. 南宁：广西教育出版社，1996.

[5] 曾葡初. 英语教学环境论 [M]. 北京：人民教育出版社，2005.

[6] 戴炜栋，陈莉萍. 二语语法教学理论综述 [J]. 外语教学与研究，2005（2）：92-99，160.

[7] 里弗斯，王家芝. 如何提高外语听力水平 [J]. 国外外语教学，1995（4）：24-25.

[8] 南国农. 教育技术理论研究的新发展 [J]. 电化教育研究，2010（1）：8-10.

[9] 余胜泉，毛芳. 非正式学习：e-Learning 研究与实践的新领域 [J]. 电化教育研究，2005（10）：18-23.

[10] 申志华. 高校英语教学模式创新的多维审视 [J]. 食品研究与开发，2022，43（21）：241.

[11] 孙博. 多维互动教学模式在高校英语教学中的应用研究 [J]. 品味·经典，2022（19）：161-163.

[12] 杨祎帆. 新媒体大数据背景下高校英语教学方法研究 [J]. 科技资讯，2022，20（19）：143-146.

[13] 刘春宏. 远程教育背景下高校英语教学模式的研究 [J]. 海外英语，2022（18）：122-123.

[14] 杨君. 混合式教学模式在高校英语教学中的实践应用 [J]. 产业与科技论

坛，2022，21（18）：197-198.

[15] 赵茜.认知语言学理论视角下的高校英语教学：评《认知语言学理论视角下英语教学新向度研究》[J].中国教育学刊，2022（9）：129.

[16] 马晓薇.高校英语教学中体验式教学模式的应用路径[J].海外英语，2022（14）：86-87.

[17] 李玉玲.基于慕课的高校英语教学新模式分析[J].海外英语，2022（12）：150-151.

[18] 刘志伟，李雪梅.浅谈我国高校英语教学的行动研究[J].海外英语，2022（12）：3-6.

[19] 任艳芳，曹红.基于认知语言学的高校英语教学模式创新[J].佳木斯大学社会科学学报，2022，40（1）：218-220.

[20] 杨可.基于游戏化理念的高校英语教学模式探究[J].陕西教育（高教），2022（1）：28-29.

[21] 邵春曼.多维互动教学模式在高校英语教学中的实践与应用[J].黑龙江教师发展学院学报，2021，40（12）：133-135.

[22] 周华.高校英语教学模式的评价研究[J].内蒙古财经大学学报，2021，19（6）：9-11.

[23] 杜凌俊.高校英语教学中英语词汇教学模式解析[J].海外英语，2021（20）：135-136.

[24] 王婷婷.交际英语教学模式在高校英语教学中运用的挑战与应对[J].湖北开放职业学院学报，2021，34（19）：170-171.

[25] 邱蕴琛.高校英语教学中课堂互动教学模式的应用研究[J].海外英语，2021（18）：275-276.

[26] 刘云祥.谈校企合作背景下的高校英语教学模式改革[J].湖北开放职业学院学报，2021，34（17）：181-182.

[27] 龙艳霞，陈心瑜，柴彦羽.EGP向ESP过渡的高校英语教学模式探索：以医科大学为例[J].高教学刊，2021，7（23）：154-156，160.

[28] 凌淑莉.浸润式教学模式探索：基于中国博物馆的高校英语教学探究[J].通化师范学院学报，2021，42（3）：129-138.

[29] 杨洁.双创教育与英语教育互融的高校英语教学模式分析[J].中国多媒体与网络教学学报（上旬刊），2021（1）：205-207.

[30] 李华.线上线下混合式教学模式在高校英语教学中的运用[J].财富时代，2020（12）：88-89.

[31] 王玲端，屈红，赵方方，等.企业"走出去"视角下衡水高校英语教学模式研究[J].冶金管理，2020（21）：159-160.

[32] 汪滢.数字化在线学习平台下高校英语教学模式探究[J].黑河学院学报，2020，11（10）：97-99.

[33] 洪辉.基于职业能力培养的高校英语教学模式改革探索[J].产业与科技论坛，2020,19（19）：180-181.

[34] 吴彦凤.课堂互动教学模式在高校英语教学中的运用[J].文学教育（上），2020（8）：172-173.

[35] 元姝人.高校英语教学模式创新与发展研究[J].江西电力职业技术学院学报，2020，33（4）：32-33，36.

[36] 韩永丽.应用型高校英语教学中混合式教学模式的运用探究[J].济南职业学院学报，2020（2）：49-51.

[37] 张丽静，阎博.微课教学模式在高校英语教学中的运用[J].湖北开放职业学院学报，2020，33（4）：176-177.

[38] 钱芬.高校英语教学模式构建及实践探讨[J].科教文汇（上旬刊），2018（12）：161-162.

[39] 席海燕.高校英语教学中能动式教学模式建构思路探析[J].渭南师范学院学报，2018，33（18）：41-46.

[40] 刘艳艳.互动式教学模式在高校英语教学中的运用[J].现代教育，2018（1）：45.

[41] 董艳媛.分层教学模式在高校英语教学中的应用研究[J].才智，2017(35)：84-85.

[42] 白塔娜.OBE模式背景下高校英语教学模式的发展与创新研究[J].教育现代化，2017，4（44）：50-51.

[43] 于海淼.从学生就业竞争力看高校英语教学模式的改革[J].齐齐哈尔师范高等专科学校学报,2017(4):141-142.

[44] 刘静.创新教学模式在高校英语教学中的运用[J].中国高新区,2017(14):45-46.

[45] 熊晓雪.多模态教学模式在高校英语教学中的运用[J].佳木斯职业学院学报,2017(5):358,360.

[46] 石卫.关于高校英语教学模式改革的思考[J].黑河学院学报,2017,8(1):135-136.

[47] 许世英.高校英语教学模式探讨[J].当代教育实践与教学研究,2016(12):195.

[48] 刘健.谈谈高校英语教学中参与式教学模式的应用[J].传播与版权,2016(9):160-161.

[49] 李丽娜.从学生就业竞争力看高校英语教学模式的改革[J].中国培训,2016(2):160.

[50] 曾爱华.高校英语教学模式多元化探究[J].延边教育学院学报,2015,29(4):43-45,52.

[51] 王晓燕.创新教学模式在高校英语教学中的运用[J].开封教育学院学报,2015,35(1):66-67.

[52] 孟令波.闲暇教育视域中高校英语教学模式创新[J].吉林省经济管理干部学院学报,2013,27(4):86-88.

[53] 梁蓉蓉.模块·分层·合作高校英语教学模式探究[J].山西广播电视大学学报,2013,18(2):64-66.

[54] 赵秀丽.互文性视角下的高校英语教学模式[J].辽宁行政学院学报,2012,14(10):119-121.

[55] 李荣美.构建以语言应用为目的高校英语教学模式研究[J].才智,2012(10):328.

[56] 沈晶.大学英语课程中游戏化教学应用的实验研究[D].锦州:渤海大学,2021.

[57] 梁丽.多模态话语分析视角下的大学英语教学模式研究[D].沈阳：沈阳师范大学，2016.

[58] 王佩.协同教学在高校英语教育中的应用：以东南大学为案例[D].南京：东南大学，2015.

[59] 孙蕾.多元智能型大学英语教学模式实证研究[D].西安：西安工业大学，2011.

[60] 刘三灵.网络时代高校英语教师素质研究[D].长沙：湖南农业大学，2008.